Erika Altenburg, Gisela Arnold,
Anja Schüürmann

Stationenlernen im fächerübergreifenden Sachunterricht

Auer Verlag GmbH

Gedruckt auf umweltbewusst gefertigtem, chlorfrei gebleichtem und alterungsbeständigem Papier.

1. Auflage. 2000
Nach der Neuregelung der deutschen Rechtschreibung

Illustrationen: Charlotte Wagner
Gesamtherstellung: Ludwig Auer GmbH
ISBN 3-403-0**2974**-3

Inhaltsverzeichnis

Vorwort

Teil I: Didaktische und methodische Überlegungen zum Stationenlernen

(Erika Altenburg, Gisela Arnold, Anja Schüürmann)

Teil II: Die Unterrichtsbeispiele für Stationenlernen

Vorwort

Der vorliegende Band ist das Ergebnis einer lange andauernden und intensiven Beschäftigung mit Theorie und Praxis des Stationenlernens. Die Erfahrungen wurden zum größten Teil in der Seminararbeit des Studienseminars für die Primarstufe Düren gewonnen.

Die positiven Rückmeldungen von Kolleginnen und Kollegen sowie von Lehramtsanwärterinnen und -anwärtern, die mit dem Stationenlernen gute Erfahrungen machen konnten, haben uns bewogen, darüber zu berichten. Wir möchten damit anderen Kolleginnen und Kollegen Mut machen. Diese Lernform wirkt offensichtlich motivierend auf Kinder, muss aber darüber hinaus bestimmten Qualitätsmerkmalen gerecht werden. Daher wollen wir uns nicht auf die Darstellung von Beispielen für die Unterrichtspraxis beschränken, sondern das Verfahren mit den entsprechenden Grundlagen im Hinblick auf sachliche, didaktische und lernpsychologische Gesichtspunkte vorstellen. Wir möchten damit zur Optimierung dieser Lernform beitragen und einen Schritt auf dem Wege zu moderner, kindorientierter Grundschularbeit tun.

Da diese Arbeit fächerübergreifend angelegt ist, haben wir fachliche Beratung zu den Bereichen Gestaltung und Sport eingeholt. Wir bedanken uns dafür bei Renate Schnell und Birgit Völker. Darüber hinaus möchten wir uns bei unseren Teamkolleginnen und -kollegen Sabine Klose, Rita Posmik und Gerhard Retterath bedanken für Anregungen und konstruktive Kritik.

Besonderer Dank gebührt auch unseren Lehramtsanwärterinnen und -anwärtern der bisherigen Ausbildungsdurchgänge seit 1993, die durch eine Vielzahl von Ideen und Anregungen sowie durch praktische Erprobung im Unterricht zur Entwicklung unserer systematischen Konzeption beigetragen haben.

Teil I: Didaktische und methodische Überlegungen zum Stationenlernen

1. Verändertes Lernen in der Grundschule

Die Arbeit in der Grundschule hat sich gegenüber früheren Jahren grundlegend verändert. Kolleginnen und Kollegen stehen vor zahlreichen Problemen, die es ihnen erschweren, ihrem Auftrag und Selbstverständnis gemäß Kinder zu unterrichten und zu erziehen (vgl. Faust-Siehl u.a. 1990, Fölling-Albers 1989). Hinzu kommt, dass die Forderung nach Vermittlung von Selbstständigkeit, Teamfähigkeit, Verantwortlichkeit, Flexibilität und Kreativität an die Schule gestellt wird.
Viele erfahrene Lehrerinnen und Lehrer mussten feststellen, dass herkömmlicher Frontalunterricht – egal wie gut er angelegt war – nicht mehr zu den gewünschten Ergebnissen führte. Diese mangelnde Zufriedenheit mit dem eigenen Unterrichtsalltag führte zu zahlreichen Versuchen, alternative Unterrichtsformen in die Arbeit in der Grundschule zu integrieren. Hierbei steht die Einzelperson oft allein, konfrontiert mit vielen Konzepten. Die zugrundeliegenden theoretischen Ansätze – z.B. aus der Reformpädagogik – lassen sich nicht unmittelbar auf die eigene Unterrichtswirklichkeit übertragen. Viele der angebotenen Verfahren – wie Freie Arbeit, Wochenplanarbeit etc. – zeitigen erst Erfolge, wenn die dazugehörigen Regeln und sozialen Verhaltensweisen gelernt wurden und dauerhaft präsent sind. Die hier vorgestellte Methode des Stationenlernens eignet sich besonders gut für den *Einstieg in offene Unterrichtsformen,* weil einerseits das bisher Praktizierte erweitert wird, andererseits die Regeln und sozialen Verhaltensweisen für alle offenen Unterrichtsformen in einem überschaubaren Rahmen eingeübt werden.

Die beim Stationenlernen praktizierte Form des individualisierenden Lernens wird durch neuere Erkenntnisse der Lernpsychologie gestützt. Diese zieht die bis dahin angenommene Sichtweise einer Schulklasse als einer Gruppe von gut kategorisierbaren Lerntypen in einer heterogenen Lerngruppe in Zweifel und stellt damit auch einen eng lernzielbezogenen Unterricht in Frage.
Die Erkenntnis, dass sich jeder Mensch seine „Wirklichkeiten" auf der Basis von unterschiedlichen Erfahrungen schafft, führt auch zu einer veränderten Sichtweise des Lernens. Wenn man das Lernen als eine individuelle „Konstruktion von Wirklichkeit" versteht, werden pädagogische Gewissheiten zweifelhaft. Man kann somit niemanden zum Lernen zwingen. Dies muss zu Konsequenzen für die Unterrichtsgestaltung in allen Bereichen führen. Vor diesem theoretischen Hintergrund können letztlich nur Lernsituationen geschaffen, Angebote bereitgestellt, Anregungen offeriert und Techniken vermittelt werden. Es kann Unterstützung angeboten werden, aber keine perfekte Methode für jedes einzelne Kind. Die Verantwortung für das eigene Lernen liegt beim Individuum und muss entsprechend gestärkt werden (vgl. Voß 1996, Reich 1998, Rotthaus 1998).
Ein Aspekt konstruktivistischer Lerntheorie ist der Bereich des Zusammenfügens eines Ganzen aus diversen Einzelteilen. Diese Einzelstücke eines Ganzen müssen nicht für jeden Menschen gleich sein, weil auch die Vorerfahrungen, Vorkenntnisse und Interessen unterschiedlich sind. Es kann daher sein, dass sich die gesamte inhaltliche Zielsetzung dem einen Kind durch die Bearbeitung anderer Teilaspekte erschließt als einem anderen, dass es vielleicht auch Kinder gibt, die erst durch die Reflexion des Ganzen ihr Einzelwissen zu einer Gesamtheit verbinden.
Die Korrektur vorhandener Annahmen, eine stetige Angleichung von Erkenntnissen an den jeweils „neuesten" – individuellen – Stand ist langfristig betrachtet eine wichtige Strategie für das gewünschte lebenslange Lernen. Daraus ergibt sich als Konsequenz die Forderung, Lernen so weit wie möglich zu individualisieren, d.h. Lernangebote zu machen, die ein Kind selbsttätig nutzen kann. So rücken offene Unterrichtsformen in den Blickpunkt.

2. Stationenlernen als Form offenen Unterrichts

Die aus der Reformpädagogik stammenden Formen offenen Unterrichts wie Freie Arbeit und Wochenplanarbeit, die in einigen Montessori- bzw. Petersen-Schulen praktiziert wurden, fanden im Laufe der Jahre breitere Akzeptanz und wurden von etlichen Grundschulen übernommen. Auf diese Weise fanden diese Ansätze Eingang in überarbeitete Richtlinien und Lehrpläne (z.B. Richtlinien und Lehrpläne für NRW 1985).

Anfang der neunziger Jahre fand eine weitere Entwicklung statt: Stationenlernen und Werkstattarbeit wurden als neuere bzw. weitergeführte offene Unterrichtsformen etabliert.
Aus der Sportpädagogik kommend, wurde das sogenannte „Zirkeltraining" auf andere Lernbereiche

übertragen (vgl. Wallascheck 1989). Eine umfangreichere Maßnahme zur Individualisierung des Lernens stellt die Werkstattarbeit nach Reichen dar (vgl. Reichen 1991). Hier werden Ansätze des Reformpädagogen Freinet aufgenommen und weitergeführt. Im Gegensatz zu Freier Arbeit, Wochenplanarbeit und Werkstattunterricht umfasst das Stationenlernen nicht die gesamte Unterrichtsstruktur. Dieser Weg lässt sich auch „im Kleinen" gehen, um bestimmte Themen aufzubereiten bzw. attraktiv und motivierend zu gestalten. Betrachtet man das gesamte Spektrum offener Unterrichtsformen, so stellt das Stationenlernen eine besonders praktikable Zugangsweise dar. Dies vor allem durch die überschaubare, zeitlich begrenzte und abgeschlossene Konzeption. So können Zugänge und Übergänge zum offenen Unterricht gefunden werden, und zwar ohne Überforderung der Lernenden wie der Lehrenden.

Das Stationenlernen bietet durch seine Struktur die Möglichkeit, die Forderungen nach einer ganzheitlichen, aspektreichen Betrachtungsweise von Inhalten umzusetzen. Es kann an unterschiedlicher Stelle einer Unterrichtsreihe stehen und sowohl zur *Erarbeitung eines Themas* wie zur *Einführung in einen Themenbereich* wie auch zur zusammenfassenden *Wiederholung und Festigung* des Gelernten dienen. Weniger geeignet für ein Stationenlernen sind Themen, die ein eher lehrgangsmäßiges Vorgehen erfordern oder längerfristige Beobachtungen von Tieren oder Pflanzen notwendig machen.

Wird das Stationenlernen zur Erarbeitung eingesetzt, so befinden wir uns oft bereits auf dem Wege zur Werkstattarbeit mit dem entsprechend größeren Material- und Zeitaufwand.

Das Thema muss nicht nur verschiedene inhaltliche Aspekte enthalten, sondern ebenfalls mit unterschiedlichen Arbeitsformen erschlossen werden können und mehrsinnige Erfahrungen ermöglichen. Ein gutes Stationenlernen kann also nicht in einer Abfolge von Arbeitsblättern bestehen.

Wie zu jedem guten Unterricht gehört auch beim Stationenlernen eine Strukturierung des Lernprozesses der Klassengruppe dazu. Eine *Motivationsphase,* in der zum Thema hingeführt wird, sowie eine *Reflexionsphase* als Rückschau auf den Lernprozess sind auch für das Stationenlernen wesentliche Strukturmomente. Die Vorwürfe, dass sich Stationenlernen in Aktionismus erschöpfe und zu Vereinzelung führe, sind bei einer solchen Einbettung der Handlungsphase entkräftet.

Vor allem die Reflexionsphase am Ende eines Stationenbetriebes ist außerordentlich wichtig. Hier kann sowohl auf die Form des Stationenlernens als auch auf inhaltliche Erkenntnisse Bezug genommen werden. So entstand in einer zweiten Klasse eine Diskussion unter den Kindern, ob man nur „gespielt" habe oder etwas gelernt wurde. Auf diesem Wege können Lerninhalte wie Verfahren auch für die Kinder offengelegt werden. Da die Kinder an den Stationen selbstständig arbeiten sollen – mit eigener oder Partner-Kontrolle ohne direkte Rückmeldung durch die Lehrperson –, muss in der Abschlussphase eine Würdigung der geleisteten Arbeit erfolgen.

Oft wollen die Kinder weiter arbeiten und sind wenig interessiert an einem Gespräch. Über das Getane zu sprechen, erscheint ihnen auf Anhieb wenig einsichtig. Daher müssen die Kinder selbst die Erfahrung machen, dass dieser Teil des Stationenlernens spannend und interessant ist, dass ihr Lernen eine qualitative Abrundung erfährt, dass sie plötzlich Zusammenhänge verstehen, Dinge durchschauen und eine persönliche Bestätigung erfahren. Ein von Kindern geschriebener Beitrag oder eine Gestaltungsaufgabe kann hier vorgestellt, ein gelungener Versuch vorgeführt werden. Dabei kommen auch Kinder zum Zuge, die nicht von Haus aus über detailliertes Wissen verfügen.

Qualitativ hochwertige Gespräche, in denen aus Erfahrung gewonnene Begriffe angewendet, Fragehaltungen erzeugt, auf der Basis gleicher Erfahrungen Erkenntnisse ausgetauscht und Zusammenhänge erschlossen werden, führen zu tieferen Einsichten. So sprechen Kinder beispielsweise über Tasteindrücke mit Händen bzw. Füßen, gewonnen an zwei verschiedenen Stationen. Sie thematisieren dabei die sehr unterschiedliche Wahrnehmung.

Kinder werden bei der abschließenden Zusammenschau eines Stationenbetriebs aktiv einbezogen in den Unterricht im Sinne einer Mit-Planung. Insofern stellt die Reflexionsphase eine Metakommunikation über das bereits erfolgte Lernen dar.

Die vorübergehende Auflösung der Klasse als Lerngruppe wird hier wieder aufgehoben, Lernwege und Lerninhalte werden in der *Gemeinschaft* wieder zusammengefügt. Das soziale Gefüge der Gruppe wird positiv entwickelt, sinnvolle gruppendynamische Prozesse werden initiiert.

3. Leitprinzipien des Stationenlernens

3.1 Handlungsorientierung

Erkenntnisgeleitetes Handeln

An den einzelnen Stationen sollten die Inhalte, mit denen sich die Kinder auseinandersetzen sollen, handelnd erfahrbar werden. Dabei geht es vor allem um praktisches Tun an und mit strukturiertem Material, zum Beispiel um die Handhabung von Werkzeugen und um den Gebrauch von Verbandsstoffen. Von besonderer Bedeutung ist die ganzheitliche Beteiligung mit allen Sinnen. Selbstständige Kontrolle des Lernerfolgs an den Stationen und – mit zunehmender Erfahrung – Mitverantwortung und Kooperation der Lernenden bei der Auswahl und Gestaltung der Lernstationen wie beim Thema „Wie funktioniert mein Körper?" sind weitere Merkmale handlungsorientierten Unterrichts. Damit Stationenlernen sich nicht in unverbundenen Einzelaktivitäten erschöpft, sind die Einstiegsphase und die Reflexionsphase zur Verbalisierung von Erkenntnissen unabdingbare Bestandteile. Sie bieten die Möglichkeit, dem Tun Sinn zu geben (vgl. Beck u.a. 1996, S.5, Kaiser 1996, S. 183 ff.). Sinn und Zweck der Handlung zur Erschließung eines bestimmten inhaltlichen Momentes müssen auch für die Kinder durchschaubar sein (vgl. auch Kap. 7.3 Reflexion).

Originale Erfahrungen ermöglichen

Da Kindheit sich stark verändert hat, vor allem im Hinblick auf Erfahrungen, besteht in dieser Hinsicht ein großer Nachholbedarf bei der Mehrheit der Kinder. Medienvermittelte Wirklichkeit ist für viele Kinder bedeutsamer geworden als reale Erfahrungen. Hier muss die Schule einen Weg suchen, Kindern diese direkten Erfahrungen wieder zu ermöglichen. Andererseits sollen durch die Vorteile schulisch organisierter Lernprozesse, durch die pädagogisch vorstrukturierte Situation weitere gezielte Erfahrungen ermöglicht und damit Erkenntnissse vorbereitet werden. Diese Erkenntnisse bilden die Basis weiterer Anknüpfungen im späteren Leben, machen handlungsfähig im Sinne einer übergreifenden Qualifikation.
Der unterschiedliche Wissens- und Erfahrungsstand von Kindern wird aufgegriffen, wobei es sich oft zeigt, dass manche Kinder sehr viel theoretisches Wissen haben, aber bei praktischen Tätigkeiten keineswegs besonders geschickt vorgehen. Sie gehen mit Begriffen um, ohne den entsprechenden Erfahrungshintergrund zu haben – ihr Wissen bleibt „hohl". Andere Kinder haben Erfahrungen, sind in praktischen Dingen ausgesprochen pfiffig, es fehlt ihnen jedoch die theoretische Verankerung und damit die generelle Übertragbarkeit auf ähnliche Situationen.

Förderung der Verbalisierungsfähigkeiten

Alle Kinder, auch die verbal nicht so versierten, haben beim handlungsorientierten Arbeiten die Chance, zu grundlegenden Einsichten zu gelangen (s. Beck 1994). Diese dann zu versprachlichen, fällt vielen Kindern leichter und ergibt sich fast von selbst in der Situation. Wenn Kinder dabei die Erfahrung machen, dass sie sich sehr wohl zielgerichtet und verständlich ausdrücken können, stärkt dies ihr Selbstbewusstsein im Hinblick auf das gesamte schulische Lernen.
Auch nicht deutschsprachige Kinder haben die Möglichkeit, gleichberechtigt zu agieren, ihr Sprachvermögen zu entwickeln. Sich in einer kleinen Gruppe sachbezogen zu äußern, fällt hierbei sehr viel leichter, als abstrakt formulieren zu müssen.

3.2 Selbstständigkeit und Eigenverantwortung

Die Förderung von Selbstständigkeit liegt beim Stationenlernen vor allem in den Bereichen:

- Auswahl der Stationen und der Reihenfolge der Bearbeitung
- Übernahme von Verantwortung für das eigene Lernen sowie für die regelgerechte Erfüllung von Aufgaben
- Selbstständige Texterschließung beim Lesen von Informationstexten sowie beim Verstehen von Arbeitsanweisungen
  Im sprachlichen Bereich steht die konkrete Anwendung bzw. Verwendung von Begriffen im Vordergrund („Nimm den Schraubendreher ...") sowie die selbstständige Texterschließung im Hinblick auf Arbeitsanweisungen. Diese Anforderung setzt für die ersten beiden Klassen sehr einfache, symbolverstärkte Sätze voraus. Hierbei werden generell nützliche Strategien des selbstständigen stillen Lesens trainiert, nämlich das Einhalten und Überlegen, sich vor Augen halten, was gemeint sein könnte, das Entwickeln von Vorstellungen und ihre Überprüfung, das Zurückgehen im Text etc. Der Erfolg oder Misserfolg stellt die direkte Kontrolle des Sinnverständnisses dar, d.h., die Qualität der Leseleistung wird für die Kinder selbst sichtbar. Die Lehrperson tritt zugunsten eines einsehbaren, überzeugenden Sachbezuges zurück.
- Sachgerechter Umgang mit Material
  Sachgerechter Umgang mit dem Material heißt auch, Verantwortlichkeit zu zeigen für den Erhalt durch sachgemäßen Gebrauch, Werkzeug adäquat zu benutzen, um erfolgreich arbeiten zu können. Dies ist auch ein wichtiger Gesichtspunkt beim Stationenlernen „Ohne Werkzeug geht es nicht!".
- Übernahme von Verantwortung für den Arbeitsplatz
  Das Material, das gebraucht wird, muss so weitergegeben werden, dass noch andere Kinder damit arbeiten können. Es darf keine Verschwendung von Ressourcen erfolgen. So sind sparsames Ausschneiden, Überschauen der Verteilung und der Möglichkeiten wichtige Orientierungspunkte.
- Bestimmung des Bedarfs an Handlungserfahrung für den Erkenntnisgewinn
  Die Kinder können entscheiden, wie lange und intensiv sie ihr Holzstück mit dem Schleifpapier bearbeiten, bis es ihrem Anspruch genügt.
  Beim Stationenlernen „Feuer und Flamme" tragen die Kinder für ihren Lernprozess selber die Verantwortung, indem sie wählen können, ob sie den Zusatzversuch benötigen zur Überprüfung ihrer Vermutung, dass Luft für das Brennen der Kerze notwendig ist.

3.3 Innere Differenzierung bei heterogenen Lerngruppen

Im Allgemeinen durchlaufen beim Stationenlernen alle Kinder alle Stationen. Wahlmöglichkeit besteht immer im Hinblick auf die Reihenfolge der Bearbeitung. Allerdings können die im Folgenden aufgeführten Möglichkeiten in sehr heterogenen Lerngruppen angezeigt sein. Diese Differenzierungsmaßnahmen können von der Lehrperson entsprechend den speziellen Bedürfnissen bzw. Voraussetzungen der einzelnen Kinder vorgenommen werden. In der Regel nehmen die Kinder die Differenzierung selbst vor, indem sie ihre Leistungsfähigkeit und Ausdauer selbst einschätzen oder sich von ihrem Lernbedürfnis leiten lassen.

Interessendifferenzierung

Innerhalb eines Stationenlernens sind nicht immer alle Stationen für alle Kinder gleich wichtig. Ist ein Stationenlernen sehr umfangreich, kann eine Auswahl nach dem Interesse oder dem Lerntyp des einzelnen Kindes erfolgen. Man kann einige Stationen als verpflichtend geben und andere als zusätzliche Wahlmöglichkeiten. Welchen Weg die Lehrperson wählt, hängt u.a. vom Thema ab, gleichermaßen jedoch von der Zielsetzung bzw. der Stellung in der Unterrichtsreihe.

Differenzierung nach Arbeitstempo

Aus Sicht der Kinder entsteht manchmal der Eindruck, als sei die Qualität ihrer Leistung abhängig von der Menge des Geschafften, d.h. beim Stationenbetrieb von der Anzahl der bearbeiteten Stationen. Um einem „Schnelldurchlauf" entgegenzuwirken, muss den Kindern deutlich gemacht werden, dass die Bearbeitung von Stationen keinen wie immer gearteten Wettbewerbscharakter hat. Die Vorgabe für alle Kinder kann also auch darin bestehen, dass eine bestimmte Anzahl von Stationen zur Bearbeitung genannt und der Rest freigestellt wird. Das vorhandene Material kann auch als Freiarbeitsmaterial, beispielsweise für den offenen Schulanfang, weiter benutzt werden.

Leistungsdifferenzierung

Zahlreiche Aufgaben können auf unterschiedlichen Niveaus bearbeitet werden. Dies ergibt sich auch innerhalb einer Station. Bei einer sprachlichen Aufgabe könnte z. B. ein Sprechblasentext erstellt oder in Partnerarbeit ein Rollenspiel entworfen werden. Bei mathematischen Aspekten kann die differenzierte leistungsbezogene Anforderung auch in der Gestaltung der ganzen Station liegen.
Im Hinblick auf genuin sachbezogene Aspekte gibt es bei den angestrebten handlungsorientierten Aufgabenstellungen keine direkte Leistungsdifferenzierung. Die unterschiedliche Leistung von Kindern liegt eher im Bereich der Reflexion: des Transfers auf die eigene Lebenswirklichkeit, der Bewertung und kritischen Stellungnahme. Versuche zur Oberflächenspannung des Wassers – Spülmittel heben die Oberflächenspannung auf, d.h. Rückstände verhindern, dass Wasserläufer sich auf diesem bewegen können – führen beispielsweise bei einigen Kindern zu der Erkenntnis, dass die Rückstände unserer Haushalte, d. h. die Abwässer, direkten Einfluss auf die belebte Natur haben. Andere Kinder finden vielleicht selbstständig weitere Beispiele für die Folgen von Abwasserproblemen.
In diesem Zusammenhang muss darauf hingewiesen werden, dass Leistungsdifferenzierung sich nicht automatisch auf intellektuelle, kognitive Leistung bezieht. Unterschiedliche Fähigkeiten können sich ebensogut in besonderer Geschicklichkeit und handwerklichen Fertigkeiten niederschlagen. So kann ein Kind beispielsweise selbst entscheiden, ob und wann es beim Pedalo fahren auf Helferin bzw. Helfer verzichten kann.

Differenzierung für nicht deutschsprachige Kinder

Kinder, die eine Zweitsprache im Land selbst lernen, orientieren sich im Grunde immer an handlungsbezogenen Anlässen, an Situationen aus dem Alltag. Bedeutsam ist in diesem Zusammenhang also auch der Schulalltag. Das konkrete Handeln an Lernstationen stellt eine vorzügliche Möglichkeit dar, das Vokabular zu erweitern, und zwar in einer konkreten Anwendungs- und Kommunikationssituation. Es bietet also eine Vielzahl von Möglichkeiten zur sprachlichen Entwicklung.
Das Handlungsvokabular wird variantenreich eingeübt und mehrfach genutzt: beim Lesen der Arbeitsanweisungen, beim Sprechen über die Handlungen, beim schriftlichen Festhalten der Arbeitsergebnisse und in der Reflexion der Gesamtgruppe. Auf diese Weise wird das neu erworbene Sprachwissen gefestigt. Die kurzen Sprech- und Schreibphasen unterstützten dabei den Lernprozess. Kinder, die oft nicht verstehen, worum es im Unterricht geht, können an der jeweiligen Lernstation gleichberechtigt mitarbeiten und erleben einen stetigen Fortschritt in ihrer sprachlichen Kompetenz.

Differenzierung für Kinder im Gemeinsamen Unterricht

Kinder mit sonderpädagogischem Förderbedarf können beim Stationenlernen entsprechend ihren Fähigkeiten und Möglichkeiten agieren. Angesprochen durch die Handlungsorientierung, können sie ein Gefühl von Gleichwertigkeit entwickeln. Da ihre praktischen Kompetenzen gefragt sind und gewürdigt werden, kann sich oft ein ausgesprochen positives Arbeitsverhalten entwickeln.
Zudem können die Gruppenbildung und Arbeitsaufgaben vorher mit der Lehrperson abgesprochen werden. Auch das Eingehen auf spezielle Bedürfnisse ist bei der Betreuung in der Kleingruppe oft leichter möglich als im Klassenverband. Sieht die Konzeption einer Schule auch eine stundenweise äußere Differenzierung vor, so sollte diese nicht in Phasen des Stationenlernens erfolgen.

4. Sachunterricht heute: Verbindung von wissenschaftlicher Sachlichkeit mit der Lebenswirklichkeit von Kindern

Wenn wir von der Lebenswirklichkeit der Kinder ausgehen, so ist die sachbezogene Fragestellung beispielsweise nicht der Magnetismus selbst. Sie müsste sich vielmehr auf Erscheinungsformen beziehen, in denen dieser den Kindern in ihrem Alltagsleben entgegentritt, wie Magnetspiele oder Magnete zum Aufsammeln von Stecknadeln oder Büroklammern.
Diese kindlichen Erfahrungen sind individuell sehr unterschiedlich. Gemeinsam ist ihnen die unsystematische, naive und erlebnisbezogene Wahrnehmung der Welt. Kinder erzählen von diesem diffusen Erleben, ohne eine Trennung von Wesentlichem und Unwesentlichem vornehmen zu können. Das Anliegen des Sachunterrichts ist es, solche Erlebnisse zu ordnen. In einem ersten Schritt muss den Kindern Raum gegeben werden, ihre Erfahrungen mitzuteilen. Im Gespräch mit den Mädchen und Jungen wird dann eine Blickrichtung, Fragestellung, Schwerpunktsetzung bzw. Systematik entwickelt, die es zu verfolgen gilt. Ausgehend von diesen Vorerfahrungen sollte der Unterricht so strukturiert werden, dass sich Antworten auf die erarbeiteten Fragen finden lassen, dass fachbezogene Fähigkeiten und Fertigkeiten erworben oder geübt, Kenntnisse und Einsichten ermöglicht werden. Dieses Vorgehen schließt die Annäherung an wissenschaftliche Verfahrensweisen ein wie Interview führen, Versuche durchführen, ein Beobachtungsprotokoll führen. Dabei sollten den Kindern viele Möglichkeiten für selbstständiges Arbeiten eingeräumt werden.
Die Lernangebote beziehen auch die „spezifischen Arbeitsweisen und Erkenntnismethoden anderer Fächer mit ein, soweit sie zur Erhellung eines Problems, zum Verständnis eines Sachverhaltes oder zur Realisation eines bestimmten Zieles dienlich sind“ (Meier u.a. 1997, S. 54). Wesentlich ist dabei, dass *grundlegende Fähigkeiten*, Kenntnisse und Einsichten erworben werden wie beispielsweise der sachgerechte Umgang mit Werkzeug und Werkstoffen oder der verantwortliche Gebrauch des Feuers.
Deshalb muss ein Stationenlernen inhaltlich und methodisch sorgfältig geplant werden. Als Planungsinstrument hat sich ein rasterartiger Überblick bewährt (vgl. Kap. 6.1). Hierbei werden die inhaltlichen Schwerpunkte, die Arbeits- und Sozialformen, die Materialien sowie die Zielsetzungen erfasst.

5. Fächerübergreifendes Arbeiten

5.1 Themen aus der Lebenswirklichkeit der Kinder

Fasst man Sachunterricht als Welterkundung bzw. Welterschließung auf, so ist die Überwindung einer isolierten fachspezifischen Aufbereitung von Themen nur konsequent. Den Kindern begegnen die Elemente Wasser und Luft nicht als isolierte naturwissenschaftliche Phänomene, die allein mit naturwissenschaftlichen Methoden erfasst werden können. Um ein facettenreiches Gesamtbild der Wirklichkeit gewinnen zu können, müssen sie sich mit vielen unterschiedlichen Aspekten befassen: mit gesellschaftspolitischen Aspekten wie Fragen der Umwelt, mit emotionalen Aspekten, wie sie beispielsweise in Gedichten ausgedrückt werden, mit ästhetischen Zusammenhängen, die uns in musikalischer oder gestalterischer Form begegnen. Künstliche Isolierungen, d.h. abgegrenzte Betrachtungsweisen führen nicht zu der gewünschten Welterschließung (vgl. Mayer 1993).
Alle Themen, die Kinder sich erschließen möchten, eröffnen den Zugang zu unterschiedlichen Fächern bzw. Lernbereichen. Betrachten wir beispielsweise Themen wie „Tiere“, „Freunde“, „Frühling“, so haben andere Fächer hier keine rein dienende Funktion, sondern beinhalten zentrale Aspekte zur Klärung des Themas. Die Erfahrungswelt der Kinder kann und darf nicht unberücksichtigt bleiben. Werden beispielsweise nur biologische oder soziale Zusammenhänge thematisiert, so darf die persönliche Anbindung der einzelnen Kinder an das Thema nicht fehlen, weil sie die Voraussetzung für individuelles Lernen, für die „Verankerung im Gehirn“ darstellt. Einstellungen, Normen, Vorerfahrungen und Fragestellungen der Kinder müssen integriert bzw. zum Ausgangspunkt der planerischen Überlegungen gemacht werden.
Gemeint ist in diesem Zusammenhang nicht eine zwanghafte, wenig logische Anbindung an alle Schulfächer wie im Gesamtunterricht alter Art. Wichtig ist vielmehr die Einsicht, dass manche Themen nicht ausreichend zu erfassen sind, wenn man sie nur aus einer Blickrichtung betrachtet. Es sollten aber nur solche Aspekte in den Blick genommen werden, die zentral zur Klärung eines Themas nötig sind.
So muss die Beschäftigung mit dem Thema „Frühling“ mehr umfassen und erbringen als die Wahrnehmung und Beobachtung von Frühblühern oder des Nestbaus von Vögeln. Ohne Berücksichtigung der emotionalen Komponente kann keine sinnvolle Auseinandersetzung, kein sinnvolles Erfassen des Themas stattfinden. Die „linden Lüfte“ können beim Spaziergang erfahren, können in lyrischen Textformen thematisiert, jedoch nicht ausschließlich durch Temperatur- oder Windmessung konkretisiert werden.

5.2 Sprachliches Lernen

Da Lese- und Schreibfähigkeiten – die sogenannten „Kulturtechniken“ – in allen unterrichtlichen Zusammenhängen geübt bzw. weiterentwickelt werden sollen, kommt dem diesbezüglichen Lernen im fächerübergreifenden Unterricht eine besondere Bedeutung zu. Die Anbindung an ein Stationenlernen ermöglicht die Entstehung natürlicher, lebensnaher Lese- und Schreibsituationen.
So ist das Erfassen bzw. Entschlüsseln von Aufgabenstellungen an Lernstationen konstitutiver Bestandteil dieser Lernform. Die Rezeptionsfähigkeit von schriftlichen Texten wird hier gefordert und gefördert.
Ein weiterer Aspekt ist die Förderung der Fähigkeit, mit Büchern selbstständig umzugehen, d.h. beispielsweise aus Sachbüchern Informationen zu entnehmen, wenn eine Lernstation mit einer entsprechenden Buchauswahl angeboten wird. Auch eine Lernstation, die als „Schmökertisch“ ausgewiesen ist, kann zur Steigerung der generellen Lesemotivation beitragen. Suchen Kinder hier beispielsweise selbstständig Gedichte zum Thema, so haben sie auch gelernt, sich in Büchern zurechtzufinden. Nebenbei sind sie auch an der inhaltlichen Gestaltung des Unterrichts beteiligt!
Im Hinblick auf den schriftlichen Sprachgebrauch kommt dem Schreiben von Sachtexten beim Stationenlernen besondere Bedeutung zu. Während der Beschäftigung mit einem Thema bzw. im Rahmen einer Lernstation kann sich die Gelegenheit zu einer zielgerichteten Textproduktion, zum Schreiben eines Sachtextes, wie dem Festhalten einer Beobachtung oder der Formulierung einer Experimentieranleitung, ergeben.

Offene Schreibanlässe zur Erfassung der Voraussetzungen

Das Vorwissen, die Einstellungen, die Vorerfahrungen, die Interessen der Kinder im Hinblick auf ein geplantes Thema können auf unterschiedliche Art und Weise ermittelt werden. Eine Möglichkeit stellt das „Clustering“ durch eine Kleingruppe dar. Der Cluster ist eine strukturierte Sammlung von Einfällen zu einem Thema.
Ein weiterer interessanter Weg, der gleichzeitig einen sinnvollen, fächerübergreifenden Schreibanlass beinhaltet, ist das Schreiben zu einem Rahmenthema. Die Kinder schreiben zum geplanten Thema ohne genauere Informationen und Festlegungen. Es bleibt ihnen selbst überlassen, welche Textsorte sie produzieren. So könnten Kinder beim Thema „Feuer“ ihr Sachwissen einbringen, Meinungen äußern, Fragen stellen, Erlebnisse schildern, Gedichte produzieren und vieles andere mehr.
Die Kinder bekommen das Thema als Stichwort, schreiben ohne weitere Vorbereitung das auf, was ihnen in den Sinn kommt und stellen sich ihre Texte in kleinen Gruppen gegenseitig vor. Eine Ordnung nach Textsorten erfolgt mit Hilfe der Lehrperson bzw. mit zunehmender Texterfahrung selbstständig in Kleingruppen. Die korrigierten Texte werden an einer Pinnwand verfügbar gemacht. Während des Ablaufs sowie gegen Ende der Unterrichtsreihe wird darauf zurückgegriffen. So kann durch einen offenen Schreibanlass zu Beginn einer Reihe, gezielte sachbezogene Schreibanlässe im Zusammenhang mit einzelnen Lernstationen sowie das Schreiben eines appellativen Textes am Ende einer Unternehmung ein überzeugender, wirkungsvoller Zusammenhang von Sprach- und Sachunterricht hergestellt werden (vgl. Altenburg 1996).

Gezielte Schreibanlässe

Ein sinnvoller Schreibanlass zur Verbindung von Sach- und Sprachunterricht ist beispielsweise die Formulierung von Hypothesen. So könnten die Kinder ihre Ideen im Hinblick auf die Funktion des Herzens als Pumpe schriftlich äußern.
Am Ende einer Reihe bzw. im Anschluss an ein Stationenlernen kann sich die Gelegenheit für das Schreiben eines appellativen Textes ergeben, und zwar auf der Basis der eigenen Erfahrungen. So könnten im Zusammenhang mit dem Thema „Feuer“ Plakate bzw. Aufrufe zum vorsichtigen, richtigen Umgang mit Feuer, auf Waldbrandgefahr, beim Thema „Straßenverkehr“ Appelle in Bezug auf mehr Aufmerksamkeit, beim Thema „Werkzeuggebrauch“ Plakate mit Hinweisen zur Vermeidung von Verletzungen hergestellt werden. Wesentliche Regeln im Hinblick auf Sicherheitserziehung werden auf diesem Wege durch die Kinder selbst vor Augen geführt.

5.3 Mathematisches Lernen

Im Bereich des Sachrechnens entstehen oft Schwierigkeiten, weil Kinder die Sachlage aus Texten nicht entnehmen können. Es fehlen ihnen die sachbezogenen Voraussetzungen, um eine Vorstellung von der mathematischen Frage- bzw. Aufgabenstellung zu entwickeln. Im Zusammenhang mit Sachunterrichtsthemen bzw. Lernstationen ergeben sich vielfältige Möglichkeiten, verschiedene Zugänge zu eröffnen und individuelle Lösungswege anzuregen.
Auch zum Wiegen und Messen bieten sich konkrete Anlässe aus den entsprechenden Arbeitssituationen an Lernstationen. So stellten Kinder bei einem Stationenlernen zu Maßen und Gewichten an einer Lernstation überrascht – und lautstark – fest: „Ein Liter ist ein Kilo!“.
Es könnten auch Steine gewogen, durch Wasserverdrängung das Volumen der Steine bestimmt und dann Querverbindungen von Gewichten und Hohlmaßen hergestellt werden.

5.4 Kooperation und Absprachen als Voraussetzung für fächerübergreifendes Arbeiten

Fächerübergreifendes Arbeiten setzt im Allgemeinen das Prinzip „Klassenlehrerin bzw. Klassenlehrer“ mit vielen Unterrichtsfächern in einer Hand voraus. Dies ist in vielen Schulen gegeben und wird bei-

spielsweise in der neuen Ausbildungsordnung Grundschule für NRW ausdrücklich genannt in der geforderten Kombination der Fächer Sprache/ Sachunterricht/Mathematik. Ist es aus organisatorischen Gründen nicht möglich, diese drei Fächer in die Hand einer Lehrperson zu geben, so ist Kooperation gefordert für fächerübergreifendes Arbeiten und in ganz besonderem Maße für fächerübergreifendes Stationenlernen. Dies gilt vor allem dann, wenn man *zeitökonomisch* vorgehen will. So erfordert ein Stationenlernen mit psychomotorischen Übungen im Rahmen von Verkehrs- und Gesundheitserziehung die Kooperation von Lehrpersonen für Sachunterricht und Sport. Überdies könnte eine anteilige Anrechnung auf das Wochenstunden-Kontingent beider Fächer erfolgen.
Werden verschiedene Aspekte zu verschiedenen Zeitpunkten aufgegriffen, so wird eine ganzheitliche Betrachtungsweise geradezu verhindert. Außerdem wird im Endeffekt mehr Unterrichtszeit verbraucht als bei einer fächerübergreifenden bzw. -verbindenden Arbeitsweise. Demgegenüber bietet das Stationenlernen eine gute Chance zu einer gleichrangigen, dabei gleichzeitigen Verarbeitung und damit Vernetzung, weil sich Darbietungs- und Themenstruktur idealerweise entsprechen. Im Endeffekt bedeutet fächerübergreifendes Arbeiten im Stationenbetrieb sowohl einen Zeit- als auch Themengewinn!

6. Aufbau und Gestaltung von Stationen

6.1 Fachlich-inhaltliche Strukturierung

Beim Stationenlernen handelt es sich immer um ein Arrangement von hoher Komplexität, und zwar sowohl thematisch als auch methodisch-medial. Dabei sollen die Angebote an den einzelnen Stationen überschaubar und in sich geschlossen sein sowie eine Bearbeitungszeit von 15 Minuten nicht überschreiten. Um sowohl bei der Planung als auch bei der Durchführung einen Überblick über das gesamte Vorhaben zu ermöglichen, hat sich ein Übersichtsplan bewährt.
Damit das Lernen an Stationen auch intentionalen, sachstrukturellen und didaktisch-methodischen Anforderungen genügen kann, sollten die diesbezüglichen Überlegungen auch festgehalten werden. Hierzu kann das folgende Instrumentarium hilfreich sein (siehe unten):

Diese Strukturierungshilfe gewährleistet,

- ❑ dass nicht nur das Stundenziel, sondern auch die Zielperspektive der einzelnen Stationen klar wird
- ❑ dass die Materialien für die einzelnen Lernstationen exemplarisch für wesentliche Aspekte des Themas ausgewählt sind
- ❑ dass die Wahl der Arbeitsformen an den Lernstationen den allgemein anerkannten Lernprinzipien genügt, wie Berücksichtigung verschiedener Sinne/Eingangskanäle etc.
- ❑ dass die Arbeit an Stationen nicht einseitig auf bestimmte Arbeitsweisen (ausschließlich Basteln, Bearbeitung von Arbeitsblättern etc.) reduziert wird
- ❑ dass ein Überblick über die erforderlichen Materialien gegeben ist im Sinne einer Checkliste.

6.2 Hinweise zur Gestaltung von Arbeitsanweisungen, Klassenraum und Arbeitsstationen

Bei der Formulierung von Arbeitsanweisungen sollte man darauf achten, dass diese kurz, übersichtlich und verständlich formuliert sind. Erklärungen, Informationen sollten auf das Wesentliche beschränkt werden. Die Kinder werden durch das Material, das hohen Aufforderungscharakter haben soll, stark angesprochen. Hier würde ein langer, komplizierter Text eher hemmend wirken. Andererseits ist das genaue Lesen von Arbeitsanweisungen vor einem Agieren eine unabdingbare Voraussetzung für den Lernerfolg. Anweisungen könnten folgendermaßen formuliert werden:

Übersichtsblatt zur inhaltlichen und didaktisch-methodischen Darstellung von Lernstationen

Station: Wesentliche Inhaltsmomente des zu bearbeitenden Sachverhalts	**Materialien und Medien**	**Aktivität der Kinder**	**Ziel(e)**	**Hinweise**
Wie heißt die Station?	Welche Arbeitsmittel stehen den Kindern zur Verfügung?	Welche konkreten Aktivitäten sind möglich, um die angestrebte Zielsetzung zu erreichen?	Welches fachliche oder überfachliche Ziel ist dieser Station zuzuordnen?	Welche äußeren Faktoren der Organisation sind zu beachten? Welche Schwerpunkte der Arbeit könnten in einer Reflexion zur Sprache kommen?

Quelle: Arnold, Retterath, Schüürmann, Wunderlich: Lernstationen planen können, in: Grundschule, 30. Jg. 1998, H. 12, S. 50f.

„Lies den Text genau... Nimm die Pinzette und ... Sprich mit deiner Partnerin oder deinem Partner über das Ergebnis."
Für Kinder der ersten Klasse bietet sich die Verwendung von Symbolen an, wie Strichmenschen/Stifte/Brille/Schere und Ähnliches.
Darüberhinaus hat sich eine Einteilung des Textes in Sinnschritte, und zwar in der Vertikalen (vertikale Segmentierung, vgl. Altenburg 1991), als außerordentlich nützlich erwiesen (s. Arbeitsanweisungen im Praxisteil).
Schriftliche Anweisungen sollten von der Lehrperson nicht mündlich wiederholt oder von einem Kind vorgelesen werden, denn diese Vorgehensweise ist kontraproduktiv für die Entwicklung der Lesefähigkeit, für einen stetigen Fortschritt im Hinblick auf selbstständige Texterschließung. Gerade dem Befolgen von schriftlichen Arbeitsanweisungen kommt im gesamten Leben eine große Bedeutung zu, so dass hier tatsächlich lebenspraktisch gelernt wird.

Gestaltung des Klassenraumes

Besteht im Klassenraum eine Gruppentisch-Sitzordnung, so kann diese im Allgemeinen übernommen werden. Der Aufbau muss auf keinen Fall einem Zirkeltraining entsprechen, weil die Abfolge der Stationen nicht festgelegt ist. Auch Fensterbänke etc. können als Lernstationen mit einbezogen werden, ebenso die Flure oder der Schulhof. Die Praxis hat gezeigt, dass Kinder, die an einer „Außen"-Station mit klarem Auftrag arbeiten, meistens sehr diszipliniert und verantwortungsbewusst sind und sich an zuvor vereinbarte Regeln halten. Im Einzelfall muss sich die Lehrperson in Hinblick auf ihre konkreten Rahmenbedingungen entscheiden, wie sie der Aufsichtspflicht Rechnung trägt.
In jedem Falle müssen entsprechend den Aufgabenstellungen genügend Sitzplätze vorhanden sein, wenn beispielsweise geschrieben oder gezeichnet werden soll.

Gestaltung der Arbeitsstationen

Die Arbeitsanweisung kann auf dem Tisch festgeklebt werden. Befindet sie sich in einer Prospekthülle, so kann diese auf der Rückseite bei Bedarf ein Lösungs- oder Kontrollblatt enthalten.
Eine Zahl oder ein Symbol, übereinstimmend mit Laufzettel oder Dokumentationsheft, sollte gut sichtbar an der Lernstation vorhanden sein. Diese Markierungen können, wenn sie neutral gestaltet sind, immer wieder verwendet werden.
Material und Werkzeug müssen übersichtlich und in enger Beziehung zu den Arbeitsanweisungen präsentiert werden. An dieser Stelle findet bereits ein Lernen von Fachbegriffen statt, weil die Anweisung mit den Instrumenten bzw. dem Material sofort in Verbindung gebracht wird. Hier liegen vor allem für nicht deutschsprachige Kinder große Lernchancen.
Ein Hinweis auf das Aufräumen nach Abschluss der eigenen Arbeit sollte in jedem Falle auch vorhanden sein. Die Struktur der Station muss so klar sein, dass die Kinder diese für die nachfolgenden Gruppen jeweils wiederherstellen können.
Sind in einer Klasse viele Kinder, ist es sinnvoll, jede Station mit Material und Arbeitsanweisungen so auszustatten, dass vier bis sechs Kinder dort arbeiten können.
Wenn für die Bearbeitung einer Station sehr viel Zeit erforderlich ist, kann diese Station zweimal parallel angeboten werden, um zeitlichen Engpässen vorzubeugen.

Anzahl der Stationen

Es muss in jedem Falle gewährleistet sein, dass jedes Kind sowohl einzeln als auch in Paar- oder Gruppenformation arbeiten kann. Um das unterschiedliche Lerntempo auszugleichen, haben sich Ausweichstationen bewährt.
Im Prinzip durchlaufen alle Kinder alle Stationen, damit sie die verschiedenen Aspekte des Themas bearbeiten können. Deshalb sollte an den Zusatz- oder Wartestationen kein zusätzlicher Sachaspekt thematisiert werden. Als Ausweichstation bieten sich an: Schmökertisch mit Sachbüchern zum Thema, spielerische Vertiefung einzelner Aspekte, fächerübergreifende bzw. -verbindende zusätzliche Angebote und Anderes. Die Zusatzstationen sollten nicht die besonders attraktiven sein, weil sie als Ausgleich und Regulativ dienen sollen.

7. Ablauf eines Stationenlernens

Der eigentlichen Arbeit an den Lernstationen geht stets eine Einführungsphase voraus und es schließt sich eine Reflexionsphase an. Dieser dreiphasige Ablauf in einem Stationenbetrieb ist unabhängig von der Stellung des Stationenlernens in einer Unterrichtsreihe. Die Arbeit an den Stationen selbst kann dabei mehr als eine Unterrichtsstunde umfassen.

7.1 Einstiegsphase

In der Einstiegsphase ergeben sich zwei Aspekte: ein inhaltlicher und ein organisatorischer.
Unter dem *inhaltlichen* Aspekt ist zu verstehen, dass die Kinder den Anschluss an ihr Vorwissen oder an ihre Lebenssituation finden müssen.
Folgende methodische Möglichkeiten sind u.a. denkbar:

Lied
Geschichte
Bild/Dia
Sinnliche Ersterfahrung (Riechen, Fühlen etc.)
Offener Schreibanlass
Assoziationskette
Clustering
Rätsel
Gespräch über Vorwissen
Präsentation der „Sache" im Kreis.

Es geht vor allem darum, Interesse für das Thema des Stationenbetriebs zu wecken, Neugier zu erzeugen, an Erinnerungen anzuknüpfen und Erfahrungen zu aktivieren. Je nach Stellung in der Unterrichtsreihe wird dies mehr oder weniger ausführlich geschehen müssen. Handelt es sich um den Beginn einer Unterrichtsreihe, so kann ein offener Schreibanlass auch eine komplette Unterrichtsstunde umfassen.
Der *organisatorische* Klärungsbedarf ist abhängig von der Erfahrung der Kinder mit offenen Unterrichtsformen. Da sich das Stationenlernen als Einstieg in offene Unterrichtsformen anbietet, muss man den organisatorischen Grundlagen besondere Sorgfalt widmen.
Hierbei nimmt die Klärung von Regeln eine wichtige Stellung ein. Es ist sinnvoll, diese mit den Kindern gemeinsam zu erarbeiten.
Zu diesen Regeln können folgende Vorgaben gehören:

Arbeitsanweisungen sorgfältig lesen.
Bei Problemen zuerst miteinander beraten.
Mit Flüsterstimme sprechen.
In Ruhe arbeiten: Nimm dir soviel Zeit, wie du brauchst.
Jede Arbeit beenden.
Stationen aufgeräumt verlassen.

Zum *Stationenwechsel* müssen spezielle Anweisungen gegeben werden, je nachdem, welche Sozialform gewählt wurde. Im allgemeinen wechseln die Kinder selbstständig und suchen sich einen freien Arbeitsplatz oder eine freie Station. Das Wechseln nach einem akustischen Signal ist möglich, jedoch problematisch in Hinblick auf das individuelle Arbeitstempo.
Wird das Stationenlernen als Arbeitsform eingeführt, kann es sich empfehlen, die Stationen vor den Augen der Kinder aufzubauen, ausgehend von einer *Präsentation der einzelnen Arbeitsmittel* im Kreis. Großes Interesse wird auch geweckt, wenn die Stationen zuerst verdeckt präsentiert und dann nach und nach gezeigt werden. Die Erklärung sämtlicher Stationen im Rahmen eines Rundgangs durch die Klasse hat sich wegen der Enge und der mangelnden Sicht vor allem für große Klassen nicht bewährt. Hinzu kommt, dass die Motivation für das selbstständige Lesen von schriftlichen Arbeitsanweisungen auf diese Weise untergraben wird.
Die *Einführung eines Stationenbetriebes* kann auch als Übergang von einer arbeitsteiligen Gruppenarbeit erfolgen. Im Rahmen dieser Gruppenarbeit wird nach Ideen der Lehrperson die technische Vorbereitung der Arbeitsangebote vorgenommen. Damit kann die Lehrperson sich von der zeitaufwendigen Vorarbeit etwas entlasten und die Kinder können wirksam beteiligt werden (vgl. das Stationenlernen „Wie funktioniert unser Körper?").
Um den Kindern einen Überblick über die angebotenen wie auch die bereits bearbeiteten Stationen zu verschaffen, hat sich ein „Laufzettel" bewährt. Auf dem Laufzettel sind alle Stationen verzeichnet. Sie können in der Reihenfolge der Bearbeitung angekreuzt werden. Damit die Kinder die Hände zum Arbeiten freihaben, wird er an einem Band um den Hals getragen oder mit einer Klammer an einem Kleidungsstück befestigt. Es ist auch denkbar, die Laufzettel an eine Pinnwand zu heften, um der Lehrperson einen schnellen Überblick zu verschaffen.
Ein *Laufzettel* oder Ähnliches ist vor allem dann wichtig, wenn das Stationenlernen sich über mehrere Unterrichtsstunden erstreckt. Daraus kann sich das Problem ergeben, dass die Kinder sich um besonders zügiges Abarbeiten bemühen und dann nur noch flüchtig arbeiten. Dem kann man entgegenwirken, indem man immer wieder an die Regeln erinnert und das ruhige, komplette Bearbeiten einer Aufgabe in den Mittelpunkt stellt. Ein anderer Weg besteht darin, bestimmte Dokumentationsformen vorzusehen, beispielsweise in Kombination mit einem Laufzettel. So kann ein Reisepass durch das Mittelalter mit Eintragung aller Ergebnisse erstellt werden, ein Feuerbuch oder ein Erste-Hilfe-Buch wie im vorliegenden Band und vieles andere mehr. Ein Büchlein zur Dokumentation von Ergebnissen ist jedoch nur dann sinnvoll, wenn der Anteil von sprachlich fassbaren Aufgaben groß genug ist.

7.2 Arbeit an den Stationen

Paar- bzw. Gruppenbildung

Die Bildung von Paar- bzw. Arbeitsgruppen kann – wie generell im Unterricht – auf unterschiedliche Weise erfolgen: durch das Zusammenfügen auseinandergeschnittener Postkarten für Zufallsgruppierungen, durch die Bildung von Freundschaftsgruppen, durch Zusammenarbeit von Mädchen und/oder Jungen, durch eine Kombination von langsam und schnell lernenden Kindern in Sinne des Helferinnen- bzw. Helfer-Prinzips ...

Beginn

In der Regel suchen sich die Kinder die Station selbst aus, an er sie beginnen möchten. Dabei verteilen sie sich nach Maßgabe der eingerichteten Arbeitsplätze. Die erste Station kann, vor allem bei Einführung des Stationenbetriebs, auch ausgelost oder durch die Lehrperson bestimmt werden. Wenn die Zuweisung durch die Lehrperson erfolgt, so geschieht dies im Sinne einer inneren Differenzierung, d.h. die Kinder sollen auf jeden Fall erst einmal ein Erfolgserlebnis haben und deshalb an einer Station beginnen, an der sie eine leicht lösbare Aufgabe vorfinden.
In dieser Phase ist die Lehrperson besonders gefordert, um bei der Erstbearbeitung gezielt zu beobachten, welche Arbeitsaufgaben bzw. Arbeitsanweisungen sich als missverständlich herausstellen, welches Material unvollständig ist, welche weiteren Probleme sich ergeben.

Weiterarbeit

Auch wenn die Kinder jetzt absolut selbstständig arbeiten, muss die Lehrperson präsent sein.

Ihre Aufgabe ist es zu diesem Zeitpunkt, darauf zu achten, dass Arbeitsanweisungen sorgfältig gelesen werden, dass der Stationenwechsel entsprechend den Absprachen erfolgt, dass die Dokumentation sorgfältig angefertigt wird.
Ein spezielles Problem ist die Betreuung von Kindern mit besonderem Förderbedarf im „Gemeinsamen Unterricht". Es ist ein besonderer Vorteil dieser Unterrichtsform, dass die Lehrperson bestimmte Kinder bei Schwierigkeiten begleiten kann. Im Hinblick auf Leistungsbeurteilung und Entwicklungsberichte sollte in dieser Phase eine intensive Beobachtung einzelner Kinder erfolgen, z.B. in Hinblick auf Selbstständigkeit, Konzentrationsfähigkeit, Arbeits- und Sozialverhalten, Problemlösefähigkeit, Vertrautheit mit bestimmten Verfahren, Neugierverhalten.
Generell sollten die Kinder an den Stationen selbstständig und ohne Erwachsenenhilfe arbeiten können. Eine Ausnahme stellen Stationen dar, an denen bestimmte Sicherheitsvorkehrungen von Seiten der Lehrperson erforderlich sind. Verwiesen sei hier auf die Beispiele zu den Themen „Feuer und Flamme", „Ohne Werkzeug geht es nicht" und „Sich bewegen, sich anpassen, reagieren".

7.3 Reflexion

Für den Beginn der Reflexionsphase sollte ein Zeichen verabredet werden (Sanduhr, Musik etc.). Die Musik könnte z.B. leise beginnen, so dass ein allmähliches Sich-Einstellen auf das Ende der Arbeit ermöglicht wird.
Die Reflexion in der Großgruppe erfolgt im Allgemeinen im Kreisgespräch. Hierbei sollte man sich auf keinen Fall auf Äußerungen wie „hat Spaß gemacht" beschränken.
Vorrangig geht es darum, die Ergebnisse zu würdigen und den Lernzuwachs zu thematisieren. Die Erfahrungen mit der Arbeitsweise selbst können natürlich ebenfalls besprochen werden, aber möglichst abgetrennt vom thematischen Aspekt. Es muss den Kindern klar werden, dass diese motivierende und kindgerechte Arbeitsform zu echtem Lerngewinn führt, auch wenn die „klassische" Einstellung, Lernen müsse unangenehm sein, hier gegenläufig wirkt.
Erfahrungen aus den handlungsorientierten Aufgaben sollen gebündelt werden in einem zielgerichteten Gespräch. Von einer Station auszugehen, hat sich als sehr sinnvoll erwiesen. Ebenso können die verschiedenen Aspekte der einzelnen Stationen miteinander verknüpft werden. So könnte nach der Arbeit an den Stationen „Sich sicher bewegen, sich anpassen, reagieren" eine Reflexion über die Stationen 1 „Rot und Grün" und 5 „Rollen und Stoppen" erfolgen, in der die Kinder den Bezug zum Verhalten an der Verkehrsampel herstellen.
Neben der Gesamtreflexion mit allen Kindern im Gesprächskreis sind ebenfalls Reflexionsphasen als Zwischenreflexionen von Kleingruppen denkbar. Diese können eine Kontrollfunktion haben, wenn Ergebnisse nicht verschriftlicht werden. Bei einem umfangreichen Stationenbetrieb, der über mehrere Stunden geht, kann eine Kleingruppenreflexion verhindern, dass Ergebnisse vorweggenommen werden. Zum Zeitaspekt ist anzumerken, dass die Gesamtreflexion Ruhe und Zeit erfordert und deshalb nicht in den letzten fünf Minuten quasi als Appendix angehängt werden sollte. Sinnvoller ist es dann, eine Hofpause dazwischen zu legen, die den Kindern etwas Distanz verschafft und ihnen die Möglichkeit gibt, das Reflexionsgespräch in Ruhe anzugehen. Die Kinder müssen wissen, dass Stationenlernen nicht nur aus der Handlungsphase besteht, dass diese Lernform sozusagen „Ernstcharakter" hat. Das Reflexionsgespräch sollte für sie zum selbstverständlichen Bestandteil eines Stationenlernens werden, das dazu dient, über die Handlungserfahrung hinaus Zusammenhänge zu erkennen, Bezüge zur Lebenswirklichkeit herzustellen und Übertragungen zu leisten.

8. Stationenlernen: realisierbar in Alltagssituationen

Es soll hier nicht der Eindruck entstehen, dass Stationenlernen die „einzig wahre" Form der Unterrichtsgestaltung ist. Es stellt eine von vielen Möglichkeiten dar, Unterricht zu öffnen und Kindern die Chance handlungsorientierten Lernens zu geben. Für den gesamten Lernprozess ist eine Mischung unterschiedlicher Gestaltungsformen, auch unterschiedlicher offener Formen von Unterricht, sicherlich sinnvoll im Hinblick auf die Vielfalt von Lerninhalten und Lerntypen.
Der hohe Zeitaufwand für die Vorbereitung eines Stationenlernens muss in einem überzeugenden Verhältnis zur Effektivität stehen. Anders gesagt: Welchen Nutzen hat die Lehrperson von dieser Unterrichtsform? Während der Arbeit an den Stationen ist die Lehrperson weitgehend entlastet von Disziplinierung und Kontrolle. Sie hat Zeit und Gelegenheit, die Kinder zu beobachten und diese gezielten Beobachtungen in vielerlei Hinsicht auszuwerten. Durch persönliche Hinweise kann sie so auf Arbeits- und Verhaltensprozesse Einfluss nehmen. Die Lehrperson ist damit näher am Lernprozess des Kindes und kann diesen durch minimale Hilfen gezielt lenken und unterstützen. Erfahrungsgemäß lernen die Kinder an Stationen mit hoher Motivation, wodurch eine angenehme Lernatmosphäre entsteht.
Demgegenüber ist der hohe Vorbereitungsaufwand zu bedenken. Es hat sich bewährt, die Materialien im Team mit Kolleginnen und Kollegen vorzubereiten, vorhandene Materialien und Aufgabenstellungen auszutauschen oder von vornherein für Parallelklassen gemeinsam zu konzipieren. Das Zusammentragen von Ideen ist zumeist außerordentlich bereichernd für alle Beteiligten. Sinnvoll ist es auch, ganze Stationenkonzeptionen in Kartons in der Schule zu lagern – betreut von einer verantwortlichen Person – und als Ausleihrepertoire zur Verfügung zu stellen. Dadurch, dass im Laufe der Zeit immer mehr ausge-

arbeitete Lernzirkel zur Verfügung stehen, entsteht auf längere Sicht auch eine Entlastung der Lehrkräfte. Eine so organisierte gemeinsame Unterrichtsvorbereitung eines Kollegiums könnte auch ein Baustein eines Schulprogramms werden.
Wenn Kinder eine gewisse Erfahrung mit dieser Lernform gewonnen haben, können sie in die Planung bzw. Gestaltung von Arbeitsaufgaben mit einbezogen werden, indem sie z.B. in arbeitsteiliger Gruppenarbeit ein Angebot gestalten. Hierzu müssen sie sich auch die entsprechenden Fachkenntnisse selbstständig aneignen. Ein Beispiel hierfür findet sich beim Thema „Wie funktioniert unser Körper".

9. Kinder als selbstständig Lernende

„Man kann niemanden zum Lernen zwingen", denn Lernen muss – im Sinne aktueller Lernpsychologie – vom Individuum selbst initiiert und gestaltet werden. Das heißt andererseits auch, dass Lehrpersonen letztlich nur ein Lernangebot machen können, Situationen schaffen, Materialien, Aufgaben stellen können, die Lernmöglichkeiten bieten. Die Bedeutung der emotionalen Gestimmtheit wird im Hinblick auf Lern- und Denkprozesse immer stärker in den Blick genommen (vgl. Ciompi 1997).
Denkprozesse können nicht isoliert betrachtet werden. Nur ein Kind, das sich wohlfühlt, das sich auch emotional angesprochen fühlt durch entsprechende Aufgabenstellungen, durch eigenes Tun, wird die Bereitschaft zu kognitiver Auseinandersetzung zeigen im Sinne einer intrinsischen Motivation. Hier bietet das Stationenlernen sinnvolle Möglichkeiten.
Vor allem bei jüngeren Kindern kommt das Stationenlernen auch dem natürlichen Bewegungsbedürfnis entgegen, wie im Konzept „Bewegte Schule" überzeugend belegt ist. Günstig ist auch der ständige Wechsel von Anspannung und Entspannung. Die Arbeit an einer Station wird von den Kindern als etwas Abgeschlossenes erfahren, das mit einem Erfolgserlebnis verbunden ist. Dieser Erfolg ist dem Kind umso wichtiger, als es hier selbstverantwortlich tätig geworden ist und eigene Lernchancen realisieren konnte. In Schulklassen, die auf Grund verschiedener Bedingungen als schwierig angesehen werden – zahlreiche nicht deutschsprachige Kinder, Integrationskinder, Kinder mit Verhaltensauffälligkeiten und Lernschwierigkeiten –, kann diese Form der Arbeit zu einer besseren Arbeitsatmosphäre beitragen. Alle Kinder können sich akzeptiert und angenommen fühlen und auf ihrem eigenen Lernniveau persönliche Fortschritte erzielen. Kinder, die darüberhinaus Aufgaben selbst gestalten, fühlen sich auch in höherem Maße verantwortlich, und zwar sowohl für den Lernprozess als auch für die Materialien.
Wird den Kindern deutlich, dass diese Art der schulischen Arbeit für sie zu einem gesicherten Lernerfolg bzw. Lernzuwachs führen kann, so erfahren sie praktisch, dass Lernen zwar Anstrengung bedeutet, aber gleichzeitig Spaß machen kann. Mit dieser Einstellung könnte auch eine gute Grundlage für lebenslanges Lernen gegeben sein.
In unserem Unterrichtsalltag finden wir die konstruktivistische Theorie bestätigt, dass manchmal nicht einmal zwei Menschen eine Sache gleich auffassen. Auch wenn alle Kinder die gleiche Erklärung gehört haben, wird diese keineswegs in gleicher Weise realisiert. Die Bedenken mancher Kolleginnen und Kollegen im Hinblick auf offene bzw. individualisierte Arbeitsformen werden oft durch die eigenen Erfahrungen ausgeräumt, die bei der Arbeit mit den Kindern gewonnen werden.

10. Werkstatt-Unterricht als Weiterführung des Stationenlernens

Stationenlernen erscheint besonders geeignet als Einstieg in offene Arbeitsformen, weil es auch in einem geringeren zeitlichen Rahmen durchführbar ist. Auf der Grundlage der eingeübten Verhaltensregeln und des methodischen Repertoires bietet es sich an, umfangreichere Themen in ähnlicher Form als Lernangebote zu gestalten. Hier kämen Themen in Betracht wie Frühling, Sommer, Wasser, Luft, „eine Welt" etc., die noch stärker fächerübergreifend und für größere Zeiträume (zwei bis vier Wochen) konzipiert werden. Die Anzahl der Aufgabenstellungen ist damit wesentlich höher. Auch können und sollen dann nicht alle Aufgaben von allen Kindern bearbeitet werden. Kinder sollen lernen, eine sinnvolle Auswahl zu treffen, also die Eigenverantwortung für ihr Lernen weiterzuführen. Beim Werkstattunterricht sollte noch mehr Freiraum für von Kindern gestaltete Angebote geschaffen werden.
Die Grundlagen der Werkstattarbeit wurden von J. Reichen erarbeitet. In der Praxis haben sich inzwischen diverse Varianten herausgebildet, so auch im Hinblick auf das „Chef-System," das Auftreten von Kindern als Expertinnen und Experten, die zu Hilfe gerufen werden können.
Die Vernetzung der verschiedenen Sach- und Fachaspekte kommt beim Werkstattunterricht noch stärker zum Tragen als beim Stationenlernen. Auch bietet sich hier die Möglichkeit, projektorientierte Arbeitsweisen einzubeziehen. Das Prinzip der Handlungsorientierung sollte im Unterricht fest verankert werden und stellt die Grundlage beider Arbeitsformen dar.

11. Literatur

Akademie für Lehrerfortbildung Dillingen: Kunstunterricht in der Grundschule. Elementares Lernen mit Feuer, Wasser, Erde, Luft. Donauwörth 1997.

Altenburg, Erika: Wege zum selbstständigen Lesen. 10 Methoden der Texterschließung. Frankfurt/Main 1991.

Altenburg, Erika: Offene Schreibanlässe, Donauwörth 1996.

Arnold, Gisela, Retterath, Gerhard, Schüürmann, Anja, Wunderlich, Bettina: Lernstationen planen können, in: Grundschule, 30. Jg. 1998, H. 12, S. 50 f.

Bauer, Roland: Lernen an Stationen in der Grundschule. Ein Weg zum kindgerechten Lernen. Berlin 1997.

Beck, Gertrud, Schäffer, Reinhold: Forschungsaufträge für Experten, in: Christiani, Reinhold (Hrsg.): Auch die leistungsstarken Kinder fördern, Frankfurt/Main 1994, S. 61–82.
Ciompi, Luc: Die emotionalen Grundlagen des Denkens, Göttingen 1997.
Faust-Siehl, Gabriele: Lernen an Stationen: Kinder und die Einheiten der Zeit, in: Grundschule, 21. Jg. 1989, H. 3, S.22–25.
Faust-Siehl, Gabriele u.a.: Kindheit heute – Herausforderung für die Schule, Frankfurt/Main 1990.
Fölling-Albers, Maria: Veränderte Kindheit – veränderte Grundschule, Frankfurt/Main 1989.
Hegele, Irmintraut (Hrsg.): Lernziel: Stationenarbeit. Eine neue Form des offenen Unterrichts. Weinheim 1996.
Kaiser, Astrid: Einführung in die Didaktik des Sachunterrichts, Baltmannsweiler, 2. Aufl. 1996.
Mayer, Werner G.: Der Sachunterricht, Teil I–III, Heinsberg 1993.
Meier, Richard, Unglaube, Henning, Faust-Siehl, Gabriele (Hrsg.): Sachunterricht in der Grundschule. Arbeitskreis Grundschule/der Grundschulverband e.V., Band 101, Frankfurt/Main 1997.
Reich, Kersten: Thesen zur konstruktivistischen Didaktik, in: Pädagogik, 50. Jg. 1998, Heft 7/8.
Reichen, Jürgen: Sachunterricht und Sachbegegnung, Hamburg 1991.
Rotthaus, Wilhelm: Wozu erziehen? Entwurf einer systemischen Erziehung, Heidelberg 1998.
Voß, Reinhard (Hrsg.): Die Schule neu erfinden. Systemisch-konstruktivistische Annäherungen an Schule und Pädagogik, Neuwied, Kriftel, Berlin 1996.
Wallascheck, Uta: Individuelles Arbeiten und Üben im Lernzirkel, in: Grundschule, 21. Jg., 1989, H. 2, S. 56–57.
Wrede, Ursula: Lernen an Stationen im Sachunterricht, in: Grundschulunterricht, 43. Jg. 1996, H. 10, S. 3–6.

Teil II: Die Unterrichtsbeispiele für Stationenlernen

Bei der Auswahl der Unterrichtsbeispiele ging es uns vor allem darum, allgemeine, *grundlegende Themen* vorzustellen, die überregional verwendbar und noch nicht in zahlreichen Veröffentlichungen zu finden sind. Die Besonderheiten der Unterrichtsform des Stationenlernens sollen anhand unmittelbar umsetzbarer, konkretisierter Beispiele deutlich werden. Diese sind im Sinne *exemplarischen Arbeitens* auf andere Inhalte übertragbar.
Alle dargestellten Stationenbetriebe bieten für jedes einzelne Kind Möglichkeiten zu konkreter Arbeit. Die eventuell bestehenden Vorbehalte im Hinblick auf handlungsorientiertes Arbeiten wegen der zu erwartenden organisatorischen Schwierigkeiten, der erforderlichen Materialfülle sowie der Kontrolle über die Kinderaktivitäten sind bei der Unterrichtsform des Stationenlernens besonders leicht auszuräumen. Die Ordnungsform der Arbeitsangebote in Stationen ermöglicht einerseits einen effizienten Einsatz von Arbeitsmitteln und Material sowie andererseits einen guten Überblick. Der Werkzeuggebrauch und der Umgang mit gefährlichem Material ist auch unter Berücksichtigung der notwendigen Sicherheitsvorkehrungen durchführbar, da beim Stationenlernen entsprechende Arbeiten unter der besonderen Aufsicht der Lehrperson stattfinden können.
Statt eines vorgeführten Versuchs oder einer Gruppenarbeit, in der nur einzelne Kinder aktiv werden, bietet das Arbeiten an einer Station allen Kindern die Möglichkeit praktischen Tuns oder Erprobens unter Aufsicht. So beispielsweise beim Umgang mit Werkzeugen („Ohne Werkzeug geht es nicht"), mit Feuer („Feuer und Flamme") und beim richtigen Anlegen eines Verbandes („Erste Hilfe für Kinder"). Bei der Arbeit mit Werkzeugen kommt hinzu, dass auch alle Mädchen gefordert sind und damit eventuell vorhandene Rollenklischees in Frage gestellt werden.
Die überzeugenden – nicht nur organisatorischen – Vorteile des Stationenlernens werden u.a. bei dem hier vorgestellten Thema „Der Apfel – mit allen Sinnen" deutlich. Dieses wird häufig zu einem frühen Zeitpunkt des Einschulungsjahres, oft schon wenige Wochen nach Schulbeginn gewählt. Das Stationenlernen bietet die Chance, die bewusste Wahrnehmung mit nur einem Sinn an einer Station zu thematisieren, damit die verschiedenen Aspekte (Aussehen, Geschmack, Geruch, Beschaffenheit der Schale) herauszuheben und sie pointiert in den Betrachtungshorizont zu rücken. Sie können dann in besonderer Weise in einen Zusammenhang gebracht und bewusst reflektiert werden. Diese Art der Arbeit ist mit wenigen Abwandlungen übertragbar auf viele Themen wie beispielsweise die Beschäftigung mit der Kartoffel, mit Nüssen, mit den verschiedenen Jahreszeiten.
Das Stationenlernen „Sich sicher bewegen, sich anpassen, reagieren: Wir üben für den Straßenverkehr" stellt ein Beispiel für eine naheliegende, *sinnvolle Fächerverbindung* dar. Verkehrserziehung im modernen Sinne kann und sollte nicht in fachspezifische „Scheibchen" von Sachunterricht und Sport aufgeteilt, sondern im Zusammenhang vermittelt werden.
Mit dem Thema „Ohne Werkzeug geht es nicht" wird eine Grundlage geschaffen für weitere sachunterrichtlich-technische und für künstlerisch-gestalterische Aufgaben. Hier kommen auch Kinder zum Zuge, die weniger kognitiv ausgerichtet sind und eher praktische Fähigkeiten haben. Es wird sicher positiv vermerkt, dass auch in der Schule, der so häufig Kopflastigkeit nachgesagt wird, in einem sinnvollen Zusammenhang mit anderen unterrichtlichen Erfordernissen und Tätigkeiten konkret praktisch gearbeitet werden kann. Methodisch stellen wir hier eine Möglichkeit des differenzierten Einstiegs in ein Thema dar, der auf andere Themen übertragen werden kann.

Eine enge Anbindung an die *Lebenswirklichkeit* mit konkreter Verwertbarkeit stellen sowohl das Stationenlernen zum Thema „Feuer und Flamme" als auch das zum Thema „Erste Hilfe für Kinder" dar. Die entsprechenden Büchlein, die die Kinder zusammengestellt haben, können als Ratgeber genutzt werden.

Beim Thema „Wie funktioniert unser Körper?" geht es um einen weiteren Schwerpunkt der methodischen Möglichkeiten eines Stationenlernens. Am Beispiel einer vierten Klasse wird gezeigt, wie und in welchen Formen *Kinder an der Gestaltung von Unterricht* bzw. von Unterrichtsmaterialien beteiligt werden können. Kindern eine intensive Mitarbeit an der Auswahl von Inhalten zu ermöglichen, indem ihre Fragestellungen zum Ausgangspunkt genommen werden, schafft einen höheren Grad von Identifikation und damit von Engagement für die Lösung der aufgeworfenen Fragen. Der Lernstoff ist damit keineswegs beliebig, sondern entspricht den Vorgaben von Richtlinien und Lehrplänen, allerdings fokussiert auf die Fragestellungen der Schüler/-innen bzw. ihre Lernbedürfnisse. Dieses mit einer vierten Klasse erarbeitete Stationenlernen kann anderen Klassen als Angebot dienen, das diese dann entsprechend ihren Bedürfnissen weiterführen oder variieren.

Der Apfel – mit allen Sinnen Klasse 1

Zum Thema

In ihrer Lebenswirklichkeit begegnet den Kindern der Apfel als Vertreter heimischer Obstsorten überall. Als Zwischenmahlzeit wird er mit in die Pause gebracht. Viele Kinder werden Äpfel auch in verarbeiteter Form als Apfelsaft oder Apfelmus im Glas kennen. Unbekannter dürfte sein, dass der Apfel in einer Vielzahl von Sorten vorkommt, die sich hinsichtlich Größe, Färbung, Form, Beschaffenheit der Schale sowie Geschmack erheblich unterscheiden. Für die Untersuchung im Unterricht ist es nötig, Sorten auszuwählen, die in ihren Merkmalen stark unterschiedlich sind. Es bieten sich beispielsweise an: Boskoop, Cox-Orange-Renette, Goldparmäne, Gravensteiner, Gloster, Ontario.

Zielgruppe

Dieses Stationenlernen* wurde mit 26 Schulneulingen im Oktober durchgeführt. Es eignet sich zur Einführung in diese Unterrichtsform, weil die verwendeten Symbole prägnant sind und außer Partnerarbeit keine Erfahrungen vorausgesetzt werden.

Unterrichtlicher Zusammenhang

Dieses Stationenlernen kann am Anfang einer Unterrichtsreihe über den Apfel stehen. Sinnvoll ist es in jedem Fall, die Vorerfahrungen der Kinder in einem Gespräch zu ermitteln. Das Kennenlernen und Einüben des Liedes kann im Vorhinein geschehen, könnte aber auch das Stationenlernen abschließen. Wenn immer es möglich ist, sollten die Kinder Gelegenheit erhalten, bei einem Unterrichtsgang „Äpfel an Bäumen" zu sehen oder sogar beim Ernten zu helfen. In der Fortführung des Unterrichts ist zu empfehlen, die Apfelreste zu verwerten. Dazu bieten sich die Möglichkeiten an:

- die Apfelstücke zusammen mit Trauben und Nüssen zu einem herbstlichen Obstsalat anzurichten,
- die Apfelstücke auf einen Fertigteig zu legen und zu backen,
- die Apfelstücke zu Mus oder Kompott zu kochen.

Organisatorische Aspekte

Wenn dieses Stationenlernen zur Einführung in diese Unterrichtsform benutzt werden soll, müssen in der Einstiegsphase grundlegende Regeln vermittelt werden:

- Arbeitsanweisungen genau „lesen"
- Arbeit an einer Station beenden und den Platz aufräumen
- im Flüsterton sprechen
- selbstständiges Wechseln zu freien Stationen.

Es hat sich als günstig erwiesen, die Materialien und Arbeitsanweisungen zu jeder Station in der Kreismitte kurz vorzustellen und dann auf den vorgesehenen Stationentisch zu stellen. Die Arbeitsanweisungen sollten nur sparsam erläutert werden, da sie sich aus der Symbolik weitgehend erschließen lassen und die Kinder zum Lesen des Arbeitsauftrages erzogen werden sollen.
Die Station 6 bedarf aus Sicherheitsgründen besonderer Aufsicht.

Es ist sinnvoll, dieses Stationenlernen in zwei abgeschlossenen Doppelstunden durchzuführen. Für die zweite Doppelstunde wurde als Einstieg wiederum das Lied gewählt, und es erfolgte eine Erinnerung an Regeln und aktuelle Besonderheiten.

Für das Reflexionsgespräch sollten die Sinnessymbole vorbereitet werden, anhand derer die Erfahrungen der Kinder zu bündeln sind.

* Die Unterrichtsreihe entstand in Zusammenarbeit der Autorin Gisela Arnold und der Gruppenhospitationsgruppe des Studienseminars Düren an der KGS Niederzier-Huchem-Stammeln.

Ablauf des Stationenlernens

1. Einstiegsphase

Für die 1. Doppelstunde: Die Kinder singen das Apfellied:
„In einem kleinen Apfel, da sieht es lustig aus,
darinnen sind fünf Stübchen, ganz wie in einem Haus."
Die Lehrperson erklärt das Stationenlernen als Arbeitsform und weist auf die wichtigsten Regeln hin. Material und Arbeitsanweisung für jede Station werden in der Kreismitte präsentiert, in knapper Form vorgestellt und anschließend auf den Arbeitstisch gelegt.

Für die 2. Doppelstunde: Die Lehrperson greift das Thema der vorausgegangenen Reflexion auf (s.u.), indem sie den Text von Ursula Wölfel „Vom Apfelhäuschen..." vorliest. Dabei dürfen die Kinder an einem Apfel horchen.

Arbeits-/Sozialform: Unterrichtsgespräch/Sitzkreis
Materialien/Medien: Äpfel
Zeitbedarf: je 20 Minuten

Vom Apfelhäuschen...
Auf der Straße stehen Apfelbäume, in den
Bäumen hängen rote Äpfel
und in jedem Apfel ist ein kleines Haus
und in jedem Apfelhäuschen
sind fünf Zimmer
und in jedem Apfelzimmer
liegt ein blanker brauner Kern
und in jedem Apfelkern
schläft ein winzig kleiner neuer Apfelbaum.
Glaubst du das nicht?
Dann halt einen Apfel ans Ohr,
sei still, ganz still: Hörst du,
wie die neuen Bäume rauschen?

2. Arbeiten an den Stationen

Station	Materialien und Medien	Aktivität der Kinder	Ziel(e)	Hinweise
Station 1: Schau genau	• Äpfel verschiedener Sorten • festes Papier • Wachsmalkreide oder Holzfarbstifte • Schere • Kleber • Baumsilhouette (für entsprechende Anzahl von Äpfeln)	Kinder schauen sich einen Apfel genau an, zeichnen die Form ab, malen mit Farbstiften naturgetreu an und schneiden die Form aus. Kinder plazieren den ausgeschnittenen Apfel an der richtigen Stelle der Baumsilhouette.	Kinder sollen den Apfel bewusst mit den Augen wahrnehmen, ihn möglichst naturgetreu in Form und Farbe abbilden. Um den richtigen Platz am Zweig zu finden, müssen die Kinder die beim Unterrichtsgang erworbenen Kenntnisse anwenden.	Einzelarbeit Reflexion: Silhouette mit Äpfeln kann in die Kreismitte gelegt und zur Grundlage des Abschlussgesprächs gemacht werden.
Station 2: Riechen	• 10 Riechdöschen mit verschiedenen Aromen wie Kaffee, Seife, Senf, Zahnpasta etc. und einem duftenden Apfelstückchen	Kinder riechen an den Döschen und finden heraus, in welchem Döschen das Apfelstück ist.	Kinder sollen den Apfelgeruch bewusst wahrnehmen.	Partnerarbeit Das Döschen mit dem Apfelstück kann zur Kontrolle gekennzeichnet werden. Die Kinder sprechen über ihre Riecheindrücke.

Station	Materialien und Medien	Aktivität der Kinder	Ziel(e)	Hinweise
Station 3: Immer zwei (Apfelmemory)	• Augenbinde • je zwei Äpfel 3 verschiedener Sorten, die sich hinsichtlich Größe, Form und Oberflächen-beschaffenheit der Schale unterscheiden.	Kinder erfühlen durch Tasten die zusammengehörenden Äpfel.	Die Kinder sollen eine Schulung des Tastsinns erfahren. Sie sollen die unterschiedlichen Oberflächenstrukturen von Apfelsorten bewusst wahrnehmen.	Partnerarbeit Kinder sollen Erfahrungen austauschen.
Station 4: Lecker	• Stückchen von 4 verschieden schmeckenden Apfelsorten • Tabelle zur Meinungsäußerung	Kinder kosten jede Apfelsorte und entscheiden, ob sie ihnen schmeckt und tragen diese Entscheidung mit ihrem Namen in die Tabelle ein.	Kinder sollen den Geschmack der verschiedenen Apfelsorten aktiv wahrnehmen und sich der eigenen Geschmacksrichtung bewusst werden.	Partnerarbeit Kinder tauschen ihre Eindrücke aus und sprechen über persönliche Vorlieben.
Station 5: Schreiben	• evtl. Buchstaben stempel und/oder Anlauttabelle • Stift • Plakat in Apfelform	Kinder stempeln das Wort Apfel oder schreiben ihr „Apfel-Wort“ (Geschmack, Farbe, Kommentar etc.) auf das Plakat.	Kinder sollen ihre Schreibfähigkeiten im Zusammenhang mit diesem sachunterrichtlichen Thema weiterentwickeln bzw. erproben.	Einzelarbeit Die Sammlung der Wörter auf dem Plakat wird ausgehängt (eventuell korrigierte Fasssung darunter setzen).
Station 6: Untersuchen	• Messer • Brettchen • Äpfel • Lupe • Schüssel	Kinder schneiden die Äpfel längs auf, untersuchen Fruchtfleisch, Kerngehäuse, Kerne und essen einige Apfelstückchen.	Kinder sollen Struktur und Aufbau des Apfels kennenlernen.	Einzel-/Partnerarbeit Beobachtungen werden mit anderen Kindern ausgetauscht. Apfelstücke für weitere Verwendung sammeln.
Station 7: Zeichnen	• quer durchgeschnittene Äpfel, mit Zitronensaft bestrichen • Buntstifte • Bleistifte • Zeichenpapier DIN-A5-Format	Kinder sehen sich die Schnittfläche genau an, zeichnen nach dem Vorbild und kolorieren mit Farbstiften.	Kinder sollen die Sternform des Kerngehäuses erkennen.	Einzelarbeit Apfelsorte mit deutlich erkennbarer Sternform (5 Kammern) wählen! (Vermutlich eine „alte“ Apfelsorte, da Neuzüchtungen oft kleine Kerngehäuse haben.)

3. Reflexionsphase

Nach der ersten Doppelstunde werden sicherlich der Bezug zu den Regeln und die Äußerungen über die Arbeitsform im Zentrum stehen. Die Lehrperson könnte als Gesprächsanreiz die Baumsilhouette aus Station 1 und einen Apfelkern in die Kreismitte legen. Die Kinder klären im Gespräch den Zusammenhang.
In der Reflexion nach der zweiten Doppelstunde könnten die Sinnessymbole Ausgangspunkt des Gesprächs über die verschiedenen Merkmale unterschiedlicher Apfelsorten sein. (Apfel ist nicht gleich Apfel).

Arbeits-/Sozialform:	Unterrichtsgespräch / Sitzkreis
Materialien und Medien:	erste Doppelstunde: Baumsilhouette, Apfelkern zweite Doppelstunde: Karten mit Sinnesymbolen
Zeitbedarf:	jeweils ca. 15 Minuten

Station 1

Schau genau

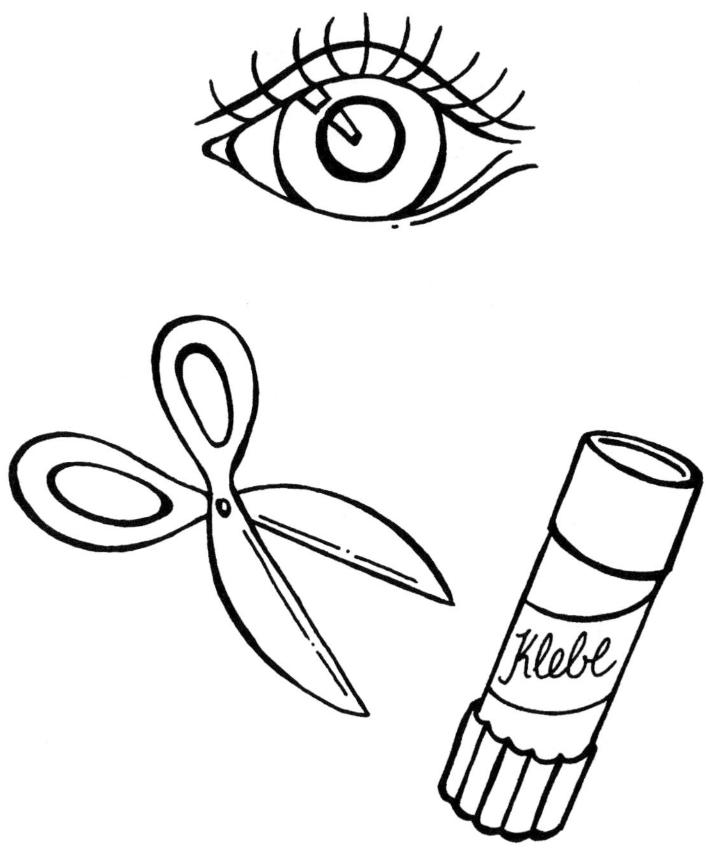

Station 2

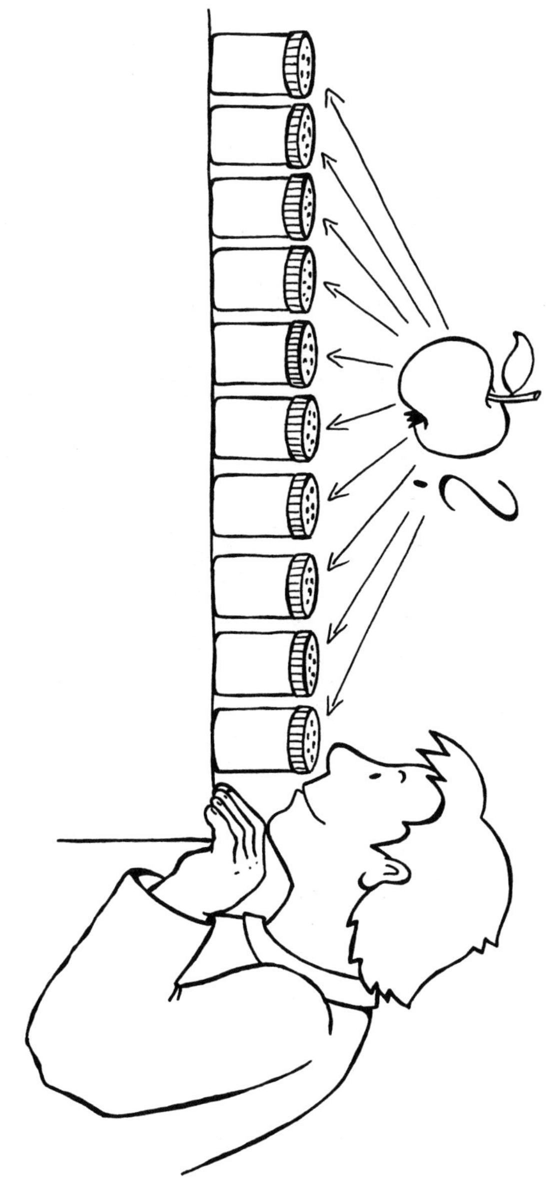

Station 4

lecker?

Station 3

Immer 2

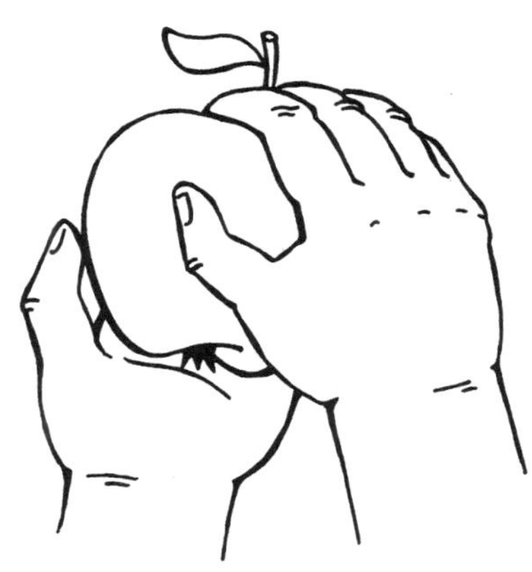

Station 6

Untersuche.
Iss.

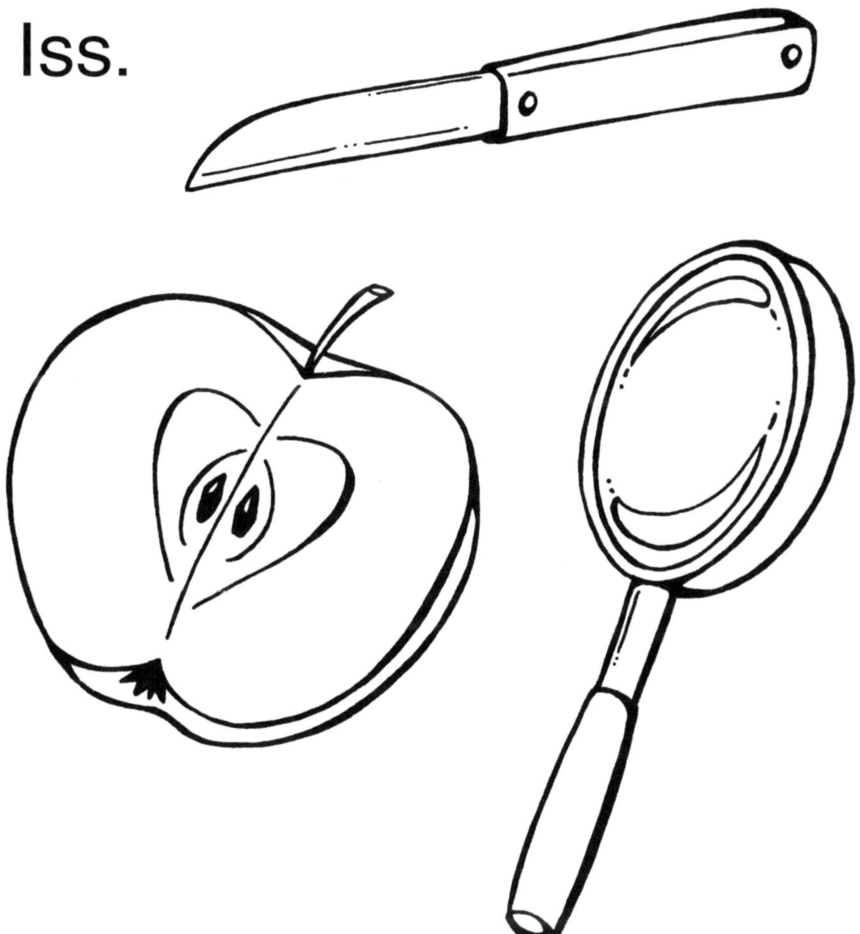

Station 7

Zeichne.

	Schale für Apfelsorte 1	Schale für Apfelsorte 2	Schale für Apfelsorte 3	Schale für Apfelsorte 4
☺				
☹				

Sich sicher bewegen, sich anpassen, reagieren: „Wir üben für den Straßenverkehr!“ Klasse 1/2

Zum Thema

Die Angebote des Stationenlernens zur Verkehrserziehung gehören alle zum Bereich der psychomotorischen Erziehung und sind sowohl dem Lernbereich Sachunterricht wie dem Fach Sport zuzuordnen, also im besten Sinne fächerübergreifend.

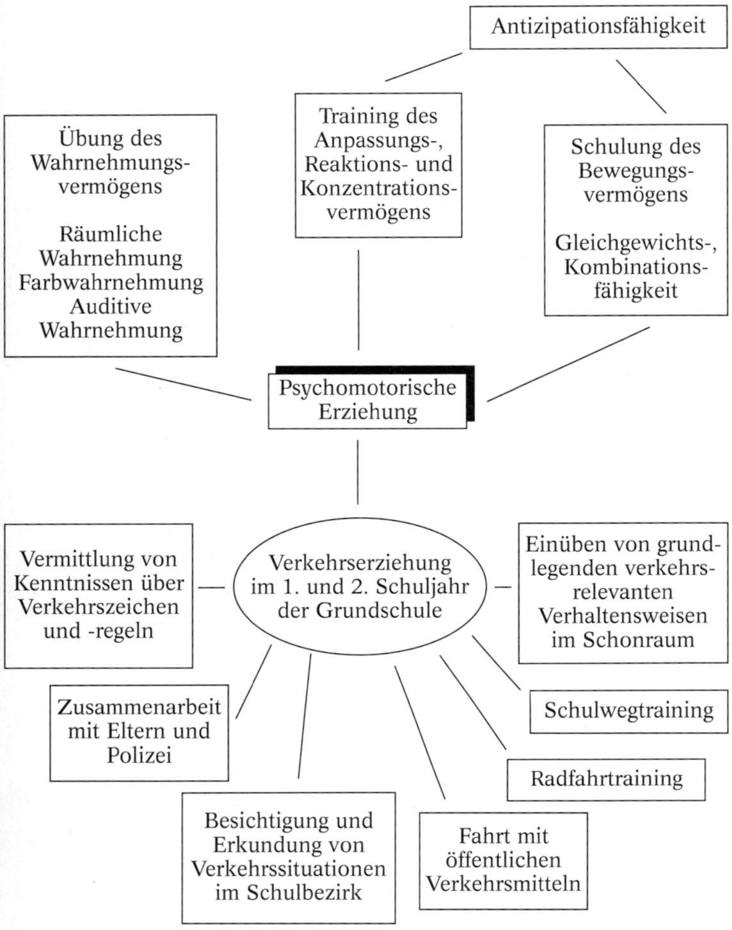

Zielgruppe

Das Stationenlernen* wurde im zweiten Halbjahr des ersten Schuljahres erprobt. Sinnvoll wäre ebenfalls eine Durchführung im zweiten Schuljahr, durchaus auch parallel zum Radfahrtraining.

Unterrichtlicher Zusammenhang

Zu einem verkehrserzieherischen Gesamtkonzept gehören sowohl die psychomotorische Erziehung als auch die allgemeine Verkehrserziehung, wie es oben grafisch dargestellt wurde. Die Verkehrserziehung muss unbedingt angebunden werden an die konkreten Gegebenheiten „vor Ort“, d.h. es muss berücksichtigt werden, welche Verkehrs-Wirklichkeit die Kinder auf ihrem Schulweg und in ihrer Freizeit vorfinden. Gibt es beispielsweise in einem Dorf keinen Bürgersteig oder keine Ampel, so muss dies bei der Schulung der Kinder berücksichtigt werden. Die Klärung der jeweiligen Verkehrsverhältnisse kann nur sehr speziell erfolgen, so dass dieser Teil wie auch die daraus folgende Vermittlung nur in der jeweiligen Schule erarbeitet werden kann.

Das hier vorgestellte Stationenlernen beschränkt sich daher auf den Bereich der psychomotorischen Erziehung und sollte um Aufgaben zur Vermittlung verkehrsspezifischer Kenntnisse erweitert werden, wie sie in gängigen Lehr- und Lernmitteln zum Sachunterricht zu finden sind.

Jedes Stationenlernen zur Verkehrserziehung muss zwingend ergänzt werden durch die Einübung von richtigen Verhaltensweisen im Schonraum und besonders in der realen Verkehrssituation.

Als weitere Anregung könnten folgende Ideen dienen: Verkehrssituationen aus dem Schulbezirk könnten fotografiert werden und als Sprechanlass oder offener Schreibanlass genutzt werden. Einprägsame Lieder sowie ansprechende Videos können zur Sicherung des gelernten Regelwissens dienen und sind außerordentlich bedeutsam für die emotionale Anbindung.

An welcher Stelle im Unterrichtsgeschehen dieses Stationenlernen eingesetzt wird, ist unerheblich. Wichtig ist vielmehr, diese Schulung einige Male zu wiederholen.

Organisatorische Aspekte

Die räumlichen Bedingungen der Schule sind ausschlaggebend für Auswahl und Anordnung der Stationen. Wenn genügend Platz zur Verfügung steht, beispielsweise eine Turnhalle, kann der Lernzirkel in einer Doppelstunde durchlaufen werden. Voraussetzung hierfür ist, dass der Parcours vorher aufgebaut wurde. Um den Aufwand zu rechtfertigen, ist es sinnvoll, wenn mehrere Klassen die Angebote nutzen.

Wenn nur ein Klassenraum mit Flur, Pausenhalle bzw. Schulhof zur Verfügung steht, ist es ratsam, die dargestellten Stationen um Angebote zu erweitern, die geeignet sind, Kenntnisse von Verkehrszeichen und Verkehrsregeln zu vermitteln.

Literatur:

Heß, Michael, Zuckowski, Rolf: Mach mit! Das Heft für Kinder: Singen, spielen, malen, basteln und raten, Hamburg 1992.

Müller, Christina: Fächerübergreifende Bewegungserziehung und Verkehrserziehung, in: Grundschulunterricht 10/1997, S. 16–19.

Zuckowski, Rolf: Rolfs neue Schulweg-Hitparade, CD bzw. MC bei Polydor, Hamburg 1992.

Könemann, Werner: Vom Durcheinanderlaufen zum Miteinanderfahren, Münster 5. Aufl. 1995.

* Zu diesem Stationenlernen haben auch B. Himmler, A. Peters und A. Welke Ideen beigetragen.

Ablauf des Stationenlernens

1. Einstiegsphase

Im Kreis singen die Kinder ein Lied zur Verkehrserziehung, beispielsweise „Rot und Grün“ (Zuckowski) – falls dies bereits gelernt wurde – oder dieses Lied wird ihnen auf Kassette vorgespielt. Im Anschluss hieran geht man zur Station 1 und lässt die Kinder den entsprechenden Zusammenhang finden.
Bei einem Rundgang werden die weiteren Stationen vorgestellt und die entsprechenden Räume bzw. Strecken zugewiesen. Die Kinder werden in Gruppen zu je drei Kindern eingeteilt.

In einer zweiten Klasse können die Kinder die Arbeitsaufträge selbstständig dem Text entnehmen, da sie bereits lesen können. Sie können dann die Stationen eigenständig aufbauen. In diesem Falle werden nur die allgemeinen Verhaltensregeln wiederholt.

Arbeits-/Sozialform: Kreis / Rundgang
Medien: keine
Zeitbedarf: etwa 15 Minuten

2. Arbeiten an den Stationen

Station	Materialien und Medien	Aktivität der Kinder	Ziel(e)	Hinweise
Station 1: **Rot und Grün**	• rote und grüne Reifen • Kreide zum Markieren des Weges	Nacheinander durchlaufen die Kinder den auf dem Boden aufgezeichneten Weg, der mit roten und grünen Reifen belegt ist. Bei einem roten Reifen müssen sie hineinspringen und kurz anhalten, den grünen durchlaufen oder überspringen.	Üben des verkehrsgerechten Reagierens auf die Farben rot und grün	Kleingruppe von drei Kindern Differenzierung: Je nach Geschicklichkeit und Reifengröße darf in die grünen Reifen hineingesprungen werden; entscheidend ist die ununterbrochene Bewegung
Station 2: **Laufdollis**	• 3 Paar Laufdollis • Streckenmarkierungen wie Verkehrshütchen, Bierdeckel oder Fähnchen	Die Kinder gehen nacheinander über die markierte Strecke.	Schulung der Gleichgewichtsfähigkeit	Kleingruppe von drei Kindern Hinweis: Die Laufdollis sind aus Konservendosen und Kordel leicht herzustellen. Differenzierung: Kinder mit gut entwickeltem Gleichgewichtsvermögen und sicherer Körperbeherrschung können auf kleinen Stelzen laufen.
Station 3: **Folge mir blind**	• Augenbinde oder Tuch • evtl. Hindernisse wie Fähnchenstangen, Kästen u.ä. • Klangstäbe	Ein Kind geht langsam vor und führt durch akustische Signale der Klangstäbe das „blinde“ Kind sicher durch den Hindernisparcour.	Schulung des Richtunghörens, des Reagierens auf akustische Zeichen und der Konzentration	Drei Kinder in wechselnden Positionen Das dritte Kind beobachtet und greift notfalls regulierend ein. Das akustische Signal der Klangstäbe kann durch Händeklatschen ersetzt werden.
Station 4: **Pedalo fahren**	• 1 Pedalo • Kreide für Streckenmarkierungen	Pedalofahren auf vorgegebener Strecke	Schulung der Gleichgewichtsfähigkeit	Drei Kinder in wechselnden Positionen Das Aufsteigen und Fahren sollte bei den ersten Versuchen in jedem Fall mit Hilfestellung erfolgen.

Station	Materialien und Medien	Aktivität der Kinder	Ziel(e)	Hinweise
Station 5: Rollen und Stoppen	• 2 Reifen • 1 Tamburin	Zwei Kinder gehen oder laufen und bewegen dabei Reifen. Das dritte Kind schlägt das Tamburin. Wenn es das Tamburin-Schlagen unterbricht, müssen die anderen die Bewegung schnellstmöglich stoppen.	Schulung des Reagierens auf akustische Zeichen und der Bewegungskontrolle	Drei Kinder in wechselnden Positionen Differenzierung: Umkehrung der Bewegung, Schnelligkeit
Station 6: Balancieren	• umgedrehte Bank • 1 Seil • 3 Bälle	Kinder balancieren auf dem schmalen Balken einer umgedrehten Bank und auf dem Seil. Sie halten dabei einen Ball mit ausgestrecktem Arm.	Schulung des Gleichgewichts und der Konzentrationsfähigkeit	Bei unsicheren Kindern für Hilfestellung durch Partner/Partnerinnen aus der Dreiergruppe sorgen
Station 7: Ball über die Matte	• einige weiche Bälle • Weichbodenmatte (bzw. Wolldecke oder Bettlaken) • Sprossenwand	Die Bälle werden zeitlich und räumlich unstrukturiert von einem Kind über die aufrechtgehaltene Matte geworfen. Das Kind auf der anderen Seite versucht die Bälle zu fangen und legt sie neben sich.	Schulung der Wahrnehmungs-, Reaktions- und Konzentrationsfähigkeit	Dreiergruppe im Rollentausch
Station 8: Zielwerfen vom Rollbrett	• Rollbrett • Karton oder umgedrehter Kasten • einige handgroße Bälle	Ein Kind kniet auf dem Rollbrett, ein zweites schiebt es langsam in einer Kreisbahn um den Kasten, das dritte reicht die Bälle an, mit dem das erste auf den Karton zielt.	Schulung von Gleichgewichts-, Koordinations- und Konzentrationsfähigkeit	Dreiergruppe im Rollentausch Wegen der Unfallgefahr ist darauf zu achten, dass das Kind auf dem Rollbrett *nicht* steht!
Station 9: Ball durch die Gasse	• 1 großer Ball • 2 kleine Bälle	Je 2 Kinder sitzen sich im Abstand von 2 m gegenüber und rollen sich einen kleinen Ball zu. Ein Kind rollt quer dazu einen großen Ball durch die Gasse, ohne die anderen Bälle zu berühren. Das 6. Kind steht am Ende der Gasse, fängt den großen Ball auf und rollt ihn zurück.	Schulung der Reaktions-, Antizipations- und Kombinationsfähigkeit	2 Dreiergruppen

3. Reflexionsphase

Im Kreisgespräch können die Kinder ihre Erfahrungen thematisieren und Übertragungen zur Verkehrswirklichkeit vornehmen. Die Kinder könnten sich selbst weitere Stationen ausdenken, die bei einer späteren Fortführung einbezogen werden.

Arbeits-/Sozialform:	Kreis
Materialien und Medien:	keine
Zeitbedarf:	etwa 15 Minuten

Rot und Grün

Station 1

Ihr braucht:

rote und grüne Reifen

Aufgabe:

1. Lege die Reifen so aus wie auf der Zeichnung.
2. Springe in den roten Reifen hinein und bleibe kurz stehen.
   Springe über den grünen Reifen oder laufe hindurch.
   Mache die Runde dreimal.

Laufdollis

Station 2

Ihr braucht:

drei Paar Laufdollis
Hindernisse bzw. Verkehrshütchen

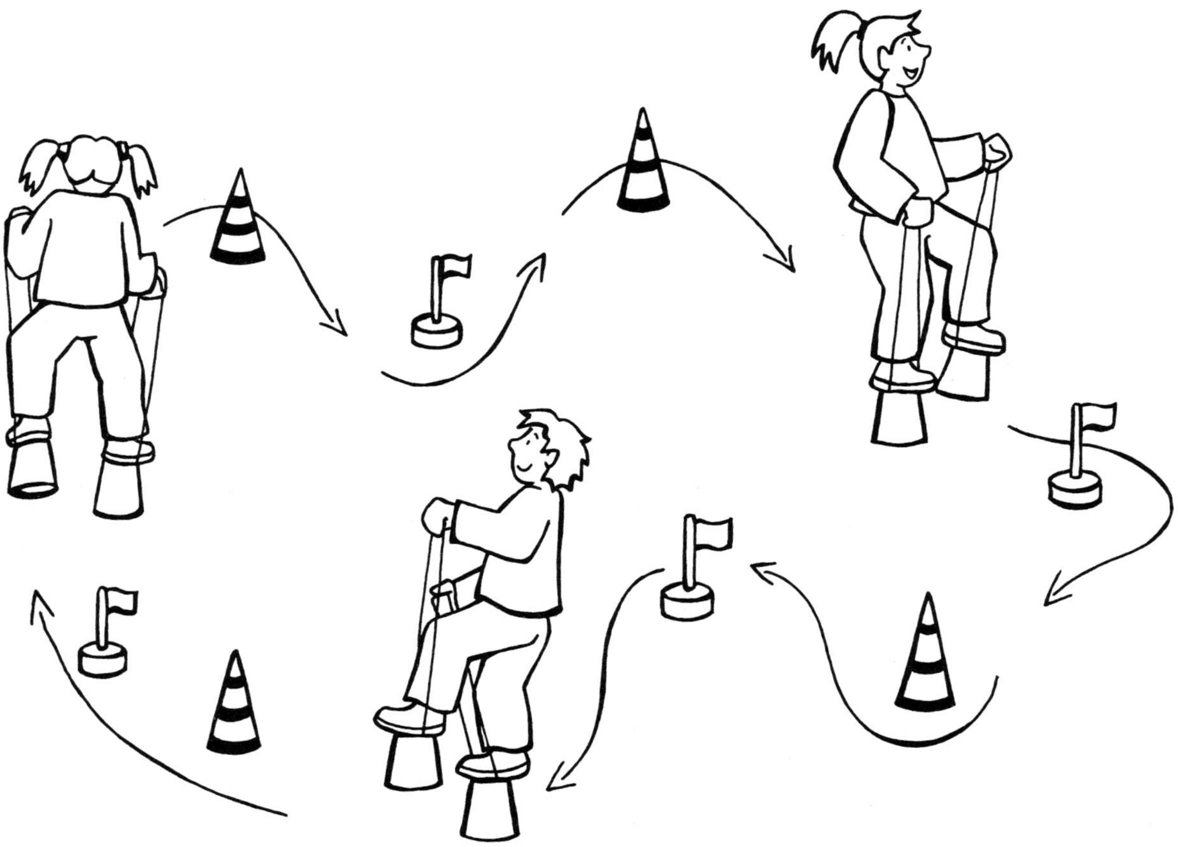

Aufgabe:

Gehe mit den Laufdollis um die Hindernisse herum.

Folge mir blind

Station 3

Ihr braucht:

ein Tuch
zwei Klangstäbe
eventuell Hindernisse

Aufgabe:

Ein Kind schlägt zwei Klangstäbe.
Das zweite folgt dem Klang.
Das dritte passt auf.

Pedalo fahren

Station 4

Ihr braucht:

ein Pedalo

Aufgabe:

Fahre mit dem Pedalo.
Zuerst mit Hilfe, dann allein.

Rollen und Stoppen

Station 5

Ihr braucht:

zwei Reifen
ein Tamburin

Aufgabe:

Ein Kind schlägt das Tamburin.
Die beiden anderen Kinder rollen ihren Reifen.
Sie stoppen, wenn das Tamburin aussetzt.

Balancieren

Ihr braucht:

eine umgedrehte Bank
ein Seil
drei Bälle

Aufgabe:

Balanciert über den Balken und über das Seil.
Haltet den Ball dabei mit ausgestrecktem Arm.

Ball über die Matte

Station 7

Ihr braucht:

einige Schaumstoffbälle
eine Weichbodenmatte
oder ein Bettlaken
oder eine Wolldecke
eine Sprossenwand

Aufgabe:

Das Kind hinter der Matte wirft die Bälle.
Das Kind vor der Matte versucht, die Bälle zu fangen.

Zielwerfen vom Rollbrett

Ihr braucht:

ein Rollbrett
einige kleine Bälle
eine Kiste

Aufgabe:

Ein Kind kniet auf dem Rollbrett und versucht,
die Bälle in die Kiste zu werfen.
Ein Kind reicht die Bälle an.
Ein Kind schiebt das Rollbrett im Kreis um die Kiste.

Ball durch die Gasse

Station 9

Ihr braucht:

einen großen Ball
zwei kleine Bälle

Aufgabe:

Die Kinder rollen sich die Bälle zu.
An jedem Ende der Gasse steht ein Kind und versucht, den großen Ball durch die Gasse zu rollen, ohne einen kleinen Ball zu berühren.

Feuer und Flamme
Klasse 2

Zum Thema

Vor dem Umgang mit dem Feuer werden Kinder gewarnt, oft wird es ihnen ganz verboten. Denn tatsächlich werden viele Wald- und Wohnungsbrände von Kindern verursacht. Doch trotz aller Verbote üben Zündmittel eine geradezu magische Anziehungskraft auf Kinder aus.
Ein dringendes Anliegen des Unterrichts in der Grundschule sollte es deshalb sein, Kinder so früh wie möglich über das Feuer und seine Wirkungsweisen zu informieren und ihnen Handlungserfahrungen zu ermöglichen. Nur so können sie einerseits die Nützlichkeit und sinnlich-ästhetische Wirkung des Feuers erfahren und andererseits verantwortungsbewusst damit umgehen lernen.

Zielgruppe

Dieses Stationenlernen wurde in einem zweiten Schuljahr mit 23 Kindern durchgeführt, eine Durchführung in einem dritten Schuljahr wäre jedoch ebenfalls möglich. Der Stationenbetrieb war Bestandteil einer Unterrichtsreihe mit dem Thema „Feuer – Freund und Feind".

Unterrichtlicher Zusammenhang

Zu Beginn des Unterrichtsvorhabens hat ein Erfahrungsaustausch in Form eines Clusterings stattgefunden. Im Anschluss daran formulierten die Kinder ihre Erwartungen und Wünsche an das Unterrichtsvorhaben, die im Stationenbetrieb aufgegriffen wurden. Für das Thema Feuer ist das Stationenlernen ideal, um den Kindern grundlegende Erfahrungen und Handlungskompetenzen im Umgang mit Kerzen und Streichhölzern zu ermöglichen. Die Arbeitsergebnisse der gesamten Unterrichtsreihe und natürlich auch des Stationenbetriebs werden schriftlich in einem „Feuerbuch" festgehalten und dienen als Grundlage für ein umfassendes Reflexionsgespräch über den sachgerechten Umgang mit Zündmitteln und die Bedingungen für die Entstehung und Bekämpfung von Bränden. Darauf aufbauend können im weiteren Verlauf des Unterrichtsvorhabens folgende Aspekte angesprochen werden: sinnlich-ästhetische Erfahrungen (Feuerwerk, Martinsfeuer), Verhalten in gefährlichen Situationen (Rollenspiele, Erkundungsrallye: Wo finden wir Feuerlöscher und Notausgänge in unserer Schule?), Lese- und Schreibanlässe zum Thema „Feuerwehr", Besuch der ortsansässigen Feuerwehr, sportliche Übungen als Feuerwehrfrau/-mann, Bedeutung und Nutzen des Feuers (Nahrungszubereitung, Heizungsanlage der Schule). Dabei sollte fächerübergreifend gearbeitet (Kunst, Sport, Sprache) und das „Feuerbuch" stets weitergeführt werden. Den Abschluss der Reihe kann eine von der Klasse organisierte und durchgeführte „Informationsstunde über das Feuer" für eine andere Klasse der Schule bilden.
Es bietet sich auch an, am Ende der Unterrichtsreihe ein Lagerfeuer zu machen, dort Würstchen zu braten, Kartoffeln in die Asche zu legen oder Stockbrot (um einen Stock gewickelter Fladenbrotteig) zu backen. Viele interessante Anregungen für fächerübergreifende Weiterarbeit z.B. Feuermachen wie in der Steinzeit oder Bauen eines Feldbrandofens finden sich in dem Sammelband „Kunstunterricht in der Grundschule" und in dem Themenheft „Feuer und Flamme" der Zeitschrift „Kunst und Unterricht".

Organisatorische Aspekte

Da die Lehrperson bei einigen Stationen in der Nähe sein sollte (vgl. Arbeitsanweisungen), kann es sinnvoll sein, für jede Station ein Expertenteam von zuvor besonders instruierten Kindern zu haben, das bei Nachfragen den anderen Kindern zur Verfügung steht. Die Arbeitsanweisungen werden für jedes Kind in einem „Feuerbuch" zusammengefasst und mit einer Übersicht über die Stationen (Laufzettel) verknüpft. Um einen Ansturm auf bestimmte Angebote zu vermeiden und die Experten und Expertinnen für die Stationen festzulegen, werden die Kinder zu Beginn den Stationen zugeteilt. An einigen Stationen konnten nur zwei Kinder gleichzeitig arbeiten, daher war es wichtig, genügend Ausweichmöglichkeiten zu schaffen, also je nach Klassengröße einige Stationen mehrfach anzubieten.
Hinsichtlich des *Sicherheitsaspektes* gilt es folgendes zu beachten:
Innerhalb des Klassenraums sollte der Stationenbetrieb so organisiert werden, dass Stationen, die beaufsichtigt werden müssen, nebeneinander liegen. Es ist denkbar, ein Elternteil um Mithilfe zu bitten.
Die Zündmittel erhalten die Kinder nur auf Nachfragen. So wird vermieden, dass Kinder innerhalb des Klassenraums evtl. durch Unachtsamkeit eine Gefahrensituation auslösen. Löschmittel müssen für den Notfall bereitstehen (Eimer mit Wasser, Deckel zum Ersticken, falls das Wachs anfängt zu brennen).

Ablauf des Stationenlernens

1. Einstiegsphase

Eine wichtige Grundlage für die folgende unterrichtliche Arbeit ist der richtige Umgang mit Streichhölzern. Alle Kinder haben nun die Gelegenheit, dies zu üben. Nach einer Demonstration durch die Lehrerin werden Streichhölzer und Aschenbecher von einem Kind an das nächste weitergereicht.
Ein Streichholz wird sachgerecht angezündet. Dabei werden die Kinder von der Lehrerin und den anderen Kindern unterstützt. In diesem Zusammenhang können gemeinsam die wichtigsten Vorsichtsmaßnahmen im Umgang mit Zündmitteln angesprochen werden. Die Kinder erhalten die Gelegenheit, ihre eigenen Erfahrungen einzubringen.

Arbeits-/Sozialform:	Kreisgespräch, Vortrag durch Lehrerin, Einzelarbeit der Kinder
Medien:	Streichhölzer, Aschenbecher, Feuerbuch
Zeitbedarf:	etwa 10 Minuten

2. Arbeiten an den Stationen (Zeitbedarf: etwa 60 Minuten)

Station	Materialien und Medien	Aktivität der Kinder	Ziel(e)	Hinweise
<u>Station 1:</u> Wie zünde ich eine Kerze an?	• Kerze • Streichholz • Aschenbecher • Feuerbuch • Stifte	Die Kinder zünden unter Einhaltung der notwendigen Sicherheitsregeln eine Kerze an und pusten sie anschließend aus.	Die Kinder sollen sich die Handlungsschritte, die zum umsichtigen und sachgerechten Anzünden einer Kerze mit einem Streichholz gehören, durch eine konkrete Handlung bewusst machen und eine Kerze nach dem Auspusten genau beobachten.	Partnerarbeit Kinder unterstützen sich gegenseitig und machen auf Gefahrenquellen aufmerksam. Streichhölzer müssen bei einem Erwachsenen geholt werden.
<u>Station 2:</u> Versuchs- und Beobachtungstisch „Kerze"	• zwei Kerzen im Halter • zwei feuerfeste Gläser in unterschiedlicher Größe • Stoppuhr • Feuerbuch • Stifte	Die Kinder stülpen ein Glas über eine brennende Kerze und beobachten, was passiert. Als Zusatzversuch können sie dies mit zwei unterschiedlich großen Gläsern und der Zeitmessung mit einer Stoppuhr wiederholen.	Die Kinder überlegen, weshalb die Kerze beim Überstülpen eines Glases erlischt und können so möglicherweise selbstständig erschließen, dass eine Kerzenflamme (Feuer) Sauerstoff benötigt. <u>Zusatzversuch:</u> Bei den Kindern soll durch den Vergleich der gestoppten Zeiten die Erkenntnis angebahnt werden, dass die Menge des Sauerstoffs für die Brenndauer wichtig ist.	Gruppenarbeit möglich. Streichhölzer müssen bei einem Erwachsenen geholt werden.
<u>Station 3:</u> Versuchs- und Beobachtungstisch „Streichholz"	• Streichhölzer • Eimer mit Wasser • Eimer mit Sand • Feuerbuch • Stifte	Die Kinder zünden ein Streichholz an, werfen es in einen Eimer mit Wasser/Sand und beobachten, was passiert.	Die Kinder sollen das sachgerechte Anzünden eines Streichholzes üben und aufgrund ihrer Beobachtungen Vermutungen formulieren, warum das Streichholz erlischt.	Gruppenarbeit möglich. Streichhölzer müssen bei einem Erwachsenen geholt werden.

Station	Materialien und Medien	Aktivität der Kinder	Ziel(e)	Hinweise
Station 4: Kerzenflamme genau beobachten	• Kerze • Feuerbuch • Stifte • schwarzes Tonpapier (zugeschnitten auf 12 x 10 cm) • Kleber	Die Kinder beobachten eine Kerzenflamme ganz genau und versuchen dann, diese auf schwarzes Tonpapier zu malen. Das Tonpapier wird anschließend in ihr Feuerbuch geklebt.	Die Kinder sollen die unterschiedlichen Farben und die Bewegung der Kerzenflamme aktiv wahrnehmen.	Einzelarbeit möglich Beobachtung steht im Vordergrund.
Station 5: Wie kann ich eine Kerze selber machen?	• Docht • heißes Wachs (im Wasserbad erhitzt) • Kochplatte • Feuerbuch • Stifte	Die Kinder tauchen einen Docht kurz in heißes Wachs und ziehen ihn wieder heraus. Dieser Vorgang wird solange wiederholt, bis eine Kerze entstanden ist. Die Kinder wechseln sich dabei ab.	Die Kinder sollen durch eigenes Handeln erfahren, wie Kerzen hergestellt werden können.	Da das Kerzenziehen sehr viel Zeit und Geduld erfordert, arbeitet die ganze Klasse an einem Gemeinschaftswerk. Das Wachs muss ca. 30–60 Min. vorher im Wasserbad erhitzt werden, sonst ist es nicht richtig flüssig.
Station 6: Versuchs- und Beobachtungstisch „Stövchen“	• zwei Stövchen mit einem Wasserbehälter • zwei Teelichter, von denen eines nicht angezündet ist • Stifte • Feuerbuch	Die Kinder beobachten und erfühlen die Unterschiede zwischen den beiden Wasserbehältern und halten diese mit ihren Vermutungen über die Ursachen in ihrem Feuerbuch fest.	Die Kinder sollen zu genauem Beobachten der beiden Wasserbehälter angeregt werden und so zu der Erkenntnis geführt werden, dass Feuer (eine Kerzenflamme) Wärme erzeugt.	Gruppenarbeit möglich Beobachtung steht im Vordergrund.
Station 7: Sätze wiederherstellen	• farbige, zerschnittene Satzkarten auf Karton geklebt	Die einzelnen Sätze unterscheiden sich durch ihre Farbe. Die Kinder suchen Satzteile gleicher Farbe heraus und legen sie zu einem Satz zusammen.	Die Kinder sollen aus den Kartenfragmenten sinnvolle Sätze (re-)konstruieren.	Diese Station soll vor allem in Wartezeiten oder im Anschluss an die Stationen 1 bis 6 bearbeitet werden. Der Schwierigkeitsgrad kann durch die Anzahl der Puzzleteile, in die man einen Satz zerschneidet, variiert werden. Die Kinder können die Sätze auch aufschreiben (bessere Kontrollmöglichkeit, ist jedoch wesentlich zeitaufwendiger).
Station 8: Lesetisch	• verschiedene Kinderbücher zum Thema Feuer und Feuerwehr, • Feuerbuch • Stifte	Die Kinder lesen in den verschiedenen Büchern.	Die Kinder können sich selbstständig in Wort und Bild zum Themenkreis Feuer informieren.	Wartestation

3. Reflexionsphase

Im abschließenden Stuhlkreis haben die Kinder die Möglichkeit, von ihren Erfahrungen zu berichten. Das „Feuerbuch“, in welchem die Kinder ihre Ergebnisse und Vermutungen festgehalten haben, bildet dabei eine Gesprächsgrundlage. Die Ergebnisse der Kinder können im gemeinsamen Gespräch dann systematisiert und verallgemeinert werden, z.B. dass jedes Feuer Sauerstoff zum Brennen braucht, dass jedes Feuer Wärme erzeugt. An dieser Stelle kann auch auf etwaige Probleme eingegangen werden, die bei der Arbeit an einer Station aufgetreten sind.

Arbeits-/Sozialform: Kreisgespräch
Materialien und Medien: Feuerbuch, Arbeitsmittel der Stationen
Zeitbedarf: etwa 15 Minuten

Wie zünde ich eine Kerze an? Station 1

Du brauchst:

eine Kerze
ein Streichholz mit Schachtel
einen Teller

Aufgabe:

1. Zünde das Streichholz an!
2. Halte das Steichholz direkt an den Kerzendocht!
3. Puste das Streichholz vorsichtig aus und lege es auf den Teller!
4. Puste die Kerzenflamme vorsichtig aus!

Sieh genau hin!
Was kannst du beobachten?
Kannst du etwas riechen?

Das habe ich beobachtet:

Versuchs- und Beobachtungstisch „Kerze“

Station 2

Du brauchst:

ein Streichholz mit Schachtel
eine Kerze im Halter
ein Glas

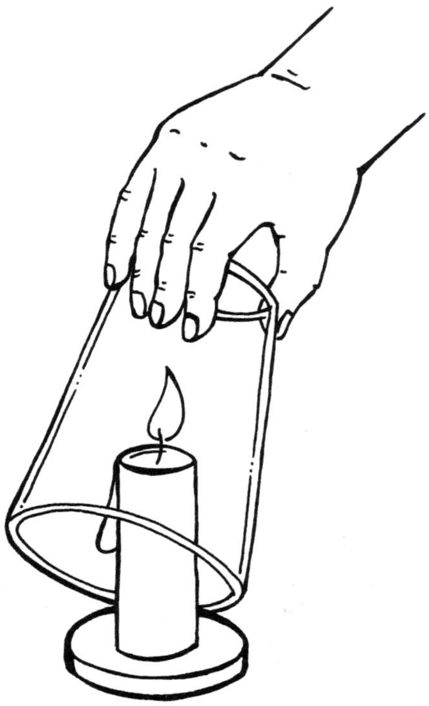

Aufgabe:

1. Zünde die Kerze an!
2. Stülpe das Glas über die Kerze!
3. Sieh genau hin!

Was kannst du beobachten?
Kannst du etwas riechen?
Hast du eine Idee, warum das passiert ist?

Das habe ich beobachtet:

____

____

____

____

____

____

Zusatzversuch

Station 2

Du brauchst:

ein Streichholz mit Schachtel
zwei Kerzen
eine Stoppuhr
ein großes Glas
ein kleines Glas

Versuch A:

1. Zünde die Kerze an.
2. Stülpe das große Glas über die Kerze.
3. Stoppe die Zeit, bis die Kerze ausgeht.
4. Schreibe die Zeit hier auf: __________

Versuch B:

1. Zünde die Kerze an.
2. Stülpe das kleine Glas über die Kerze.
3. Stoppe die Zeit, bis die Kerze ausgeht.
4. Schreibe die Zeit hier auf: __________

Was konntest du beobachten?
Hast du eine Idee, warum das passiert ist?

Versuchs- und Beobachtungstisch „Streichholz“ — Station 3

Du brauchst:

ein Streichholz mit Schachtel
einen Eimer mit Wasser
einen Eimer mit Sand

Versuch A:

1. Zünde das Streichholz an!
2. Wirf das Streichholz in den Eimer mit Wasser.

Was kannst du beobachten?
Hast du eine Idee, warum das passiert ist?

Das habe ich beobachtet:

Versuch B:

1. Zünde das Streichholz an!
2. Wirf das Streichholz in den Eimer mit Sand.

Was kannst du beobachten?
Hast du eine Idee, warum das passiert ist?

Das habe ich beobachtet:

👥 Kerzenflamme genau beobachten

Station 4

Du brauchst:

eine brennende Kerze
schwarzes Tonpapier
Buntstifte
Kleber

Aufgabe:

1. Schau dir die Kerzenflamme ganz genau an.
   Achtung: Abstand zur Flamme halten!
2. Welche Farben siehst du?

____

____

____

3. Steht die Flamme ganz still?
   ❑ Ja ❑ Nein
4. Male die Flamme ganz genau auf das Tonpapier
5. Klebe dein Bild hier auf.

Bild von der Flamme
hier einkleben!

Wie kann ich eine Kerze selber machen?

Station 5

Du brauchst:

eine Kochplatte
einen Kochtopf mit Wasser
heißes Wachs in einem kleineren Topf
einen Docht

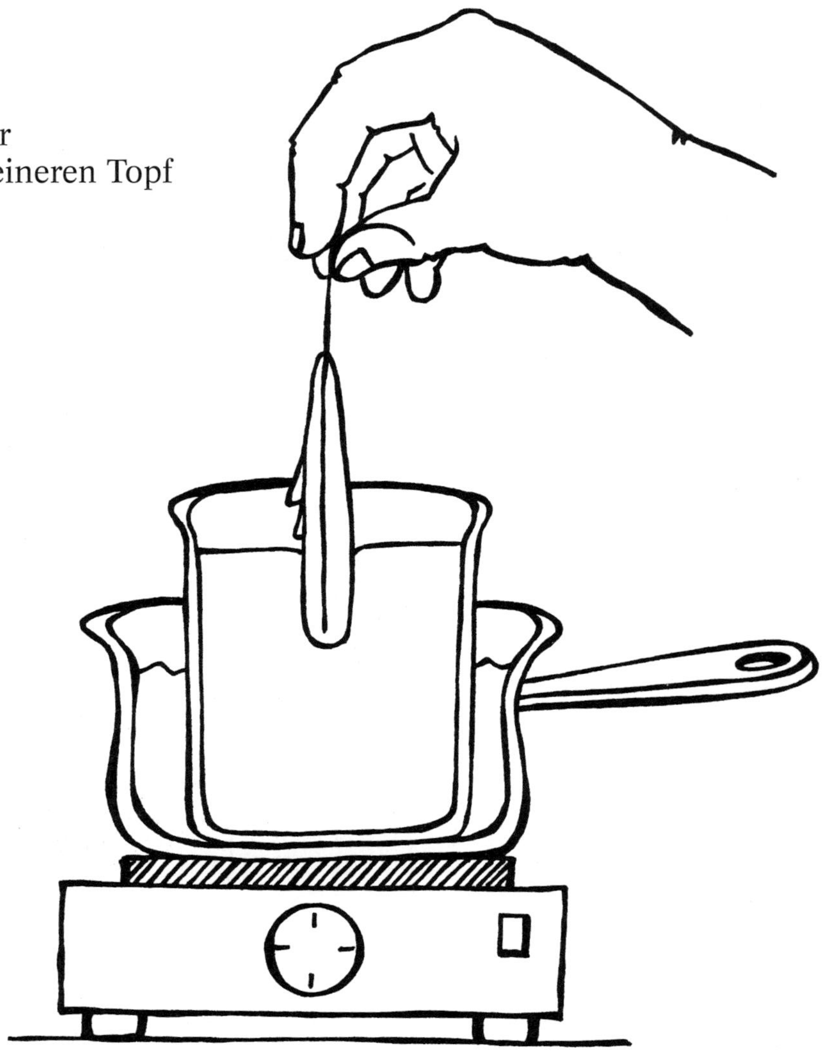

Aufgabe:

In dem Topf sind geschmolzene Wachsreste.
Achtung! Der Topf ist heiß, nicht anfassen.

1. Tauche den Docht in das flüssige Wachs.
2. Ziehe den Docht wieder heraus und lasse ihn abkühlen.
3. Jetzt kannst du den Docht nochmals kurz eintauchen, ihn wieder herausziehen und abkühlen lassen.
4. Tauche den Docht insgesamt nur dreimal ein.

Versuchs- und Beobachtungstisch „Stövchen“

Station 6

Du brauchst:

ein Stövchen mit brennendem Teelicht
ein Stövchen mit nicht brennendem Teelicht
zwei Behälter aus Glas mit Wasser, die auf den Stövchen stehen

Aufgabe:

Stövchen 1:

1. Berühre den Wasserbehälter aus Glas.
2. Wie fühlt er sich an?

____

____

3. Kannst du dir vorstellen, warum das so ist?

____

____

Stövchen 2:

1. Berühre den Wasserbehälter aus Glas.
2. Wie fühlt er sich an?

____

____

3. Kannst du dir vorstellen, warum das so ist?

____

____

Sätze wiederherstellen

Station 7

Du brauchst:

zerschnittene Satzkarten

Aufgabe:

1. Suche alle Karten mit der gleichen Farbe.
2. Lege sie zu einem Satz zusammen.
3. Lies genau!
4. Nimm dir neue Karten.
5. Wenn du willst, schreibe deine Lieblingssätze hier auf.

Kopiervorlage der zerschnittenen Sätze:

Beim Anzünden eines Streichholzes muss man das Streichholz immer vom Körper weghalten.

Wenn du ein Streichholz benutzt, sollte ein Erwachsener in der Nähe sein.

Das Anzünden eines Feuers wurde mit der Erfindung des Streichholzes im Jahre 1827 erleichtert.

Feuer kann gefährlich werden, wenn man nicht vorsichtig damit umgeht.

Das brennende Streichholz hält man schräg mit der Flamme nach oben.

Lesetisch

Station 8

Du brauchst:

Bücher vom Lesetisch

Aufgabe:

Schreibe auf, welche Bücher du dir angeschaut und gelesen hast:

Bücher für den Lesetisch:

Aust, Siegfried, Krais, Christine: Alles rennet, rettet, flüchtet. Hilfe aus Not und Gefahr. Wien 1986.

De Lasa, Catherine: Feuerwehren im Einsatz. Italien 1995.

Hüttner, Hannes, Lahr, Gerhard: Bei der Feuerwehr wird der Kaffee kalt. Berlin 7. Auflage 1990.

Knoll, Carla: Feuer und Wasser. Stuttgart o. J.

Lorenzino, Marie-Claude: Das Feuer. Differix Klassenbibliothek. Berlin 1993.

Mai, Manfred: Die Feuerwehr. Warum Geschichten. Bindlach 1993.

Meißner, Klaus: Die Feuerwehr. Differix Klassenbibliothek. Berlin 1993.

Metzger, Wolfgang, Nahrgang, Frauke: Charly bei der Feuerwehr. Ravensburg 1992.

Metzger, Wolfgang: Mein Feuerwehrauto. Ravensburg o. J.

Meyers Jugendbibliothek: Feuer – Freund oder Feind? Über das magische Feuer und wie der Mensch seine Kraft gezähmt hat. Mannheim 1994.

Petty, Kate: Die vier Elemente: Feuer. Hanau 1991.

Wölfel, Ursula: 25 winzige Geschichten. München 3. Auflage 1991.

Vereinigung zur Förderung des deutschen Brandschutzes e. V. (Hrsg.): Brandschutzerziehung mit Funki. Bühl 1995.

Ohne Werkzeug geht es nicht! Klasse 2

Zum Thema

In ihrer häuslichen Umgebung erleben Kinder, dass Erwachsene mit Werkzeugen umgehen. Kinder versuchen, dies nachzuahmen, mit Werkzeugen zu „spielen“ und sich auf diese Weise die angestrebten Fertigkeiten anzueignen. Die Benutzung von Werkzeugen gehört also zur Lebenswirklichkeit der Kinder. Für dieses Stationenlernen wurde eine Beschränkung auf Werkzeuge zur Holzbearbeitung – im weitesten Sinne – vorgenommen, weil Holz als Werkstoff Kindern überall begegnet und leicht zu bearbeiten ist.

Beim Umgang mit Werkzeugen können praktische Fähigkeiten trainiert, kreative Kräfte geweckt sowie Kenntnisse über Techniken und Material vermittelt werden. Auch Umsicht in der Handhabung von Werkzeugen im Hinblick auf eventuelle Verletzungsgefahren ist ein wesentlicher Gesichtspunkt für die Bearbeitung dieses Themas.
In diesem Zusammenhang ist es wichtig, dass sich die Lehrperson in Hinblick auf die zu verwendenden Werkzeuge und Gerätschaften kundig macht und diese selbst praktisch handhabt. So gehört zu einer Sägelade eine Rücken- oder Feinsäge. Wenn man mit einem Fuchsschwanz sägen lässt, muss das Holzstück mit Schraubzwingen befestigt werden.

Zielgruppe

Dieses Stationenlernen wurde in einer zweiten Klasse mit 20 Kindern in der Mitte des ersten Halbjahres durchgeführt. Denkbar ist auch ein Zeitpunkt gegen Ende der ersten Klasse. Es muss in jedem Falle aus Sicherheitsgründen gewährleistet sein, dass die Kinder Regeln kennen und einhalten können, dass sie sich in ihrer sozialen Gruppe zurechtfinden. Die erste Hälfte der Grundschulzeit eignet sich besonders gut, weil man auf diesen Grundfertigkeiten aufbauen kann.

Unterrichtlicher Zusammenhang

Diesem Stationenlernen ging eine Unterrichtsreihe zum Thema „Wald“ voraus mit einem entsprechenden Unterrichtsgang. Da die Kinder sich sehr dafür interessierten, was aus Holz gemacht wird, bot sich eine diesbezügliche Weiterführung an. Die Kinder erzählten von zu Hause, von Eltern, die mit Holz bauen und werken. Sie brachten eigene Holzspielzeuge mit und untersuchten diese. Weil die Kinder später selbst Holzspielzeuge herstellen wollten, ergab sich die Notwendigkeit, eine Art „Grundkurs“ zum sachgerechten Umgang mit Werkzeugen vorzuschalten. Um allen Kindern handlungsorientierte Erfahrungen zu ermöglichen, bot sich das Stationenlernen an.
Aus den Holzabschnitten aus Station 3 wurden im Anschluss an das Stationenlernen Spielfiguren hergestellt (vgl. Gloor, S. 103).

Im weiteren Verlauf des Unterrichts könnten zum Beispiel aus dem Bereich des Naturschutzes Nistkästen oder zur Herstellung eines Herbariums Pflanzenpressen in Angriff genommen werden. Im Zusammenhang mit dem Mathematikunterricht bietet sich die Anfertigung von Geobrettern an. Diese eher funktionalen Aufgabenstellungen könnten durch Aufgaben mit kreativem Schwerpunkt wie die Gestaltung von Holzplastiken im Kunstunterricht (vgl. weiterführende Literatur) ergänzt werden.
Denkbar wäre auch ein Einstieg über einen offenen Schreibanlass. Entweder werden nur die Werkzeuge ausgelegt, die auch an den Stationen vorhanden sind, oder alle denkbaren Haushaltswerkzeuge. Die Aufgabenstellung für die Kinder heißt, einen Text zu schreiben (ohne Festlegung auf eine bestimmte Textsorte!). Nachdem die Kinder sich ihre Texte in kleinen Gruppen vorgestellt haben, könnten diese Texte korrigiert und nach Werkzeugen „sortiert“ ausgehängt werden. Zum Ende der Reihe könnte man auf diese Texte zurückkommen.

Organisatorische Aspekte

Ist in einer Schule eine Ausstattung mit Werkzeugen bzw. Werkbänken vorhanden, gestaltet sich die Organisation problemlos. Sollten diese Voraussetzungen nicht erfüllt sein, kann das Stationenlernen auch in einem normalen Klassenraum stattfinden. Dazu müssten evtl. Werkzeuge und Schraubzwingen von den Eltern ausgeliehen werden.
Das Material – Holz, Holzblöcke und Leisten – kann in Schreinereien oder in Baumärkten eventuell sogar kostenlos besorgt werden.
Jede Station kann mit mehreren Arbeitsplätzen ausgestattet werden, so dass bis zu sechs Kinder arbeitsgleich tätig sein können. Jedes Kind arbeitet für sich, die Kinder können sich jedoch beraten und sich gegenseitig helfen.
Die Abfolge der Stationen ist bei diesem Stationenlernen nicht beliebig. Die Stationen 2 und 2a sowie 3 und 4 sollten in räumlicher Nähe zueinander aufgebaut und nacheinander bearbeitet werden.
Ein differenzierter Anfang erleichtert bei einer großen Klasse oder einer geringen Werkzeugausstattung die Durchführung des Stationenlernens erheblich. Wird in einer Klasse nach Wochenplan gearbeitet, so können während der Wochenplan-Arbeitsphasen sechs Kinder an den Stationen arbeiten. Jede Form differenzierten Arbeitens kann auf diese Weise genutzt werden.

Literatur zur weiteren Information:

Gloor, Elisabeth: Kinderwerkstatt Holz, Ravensburg 1983.

Lawler, Tony: Mein Hobbykurs Holzarbeiten, Ravensburg 1980.

Sundsten, Berndt: Kinder basteln mit Holz, Hannover 1990.

Jahn, Christel: Mit Hammer und Nagel, in: Die Grundschulzeitschrift H. 118/1998, S. 16f.

Kunst und Unterricht, H. 204/1996, Thema: Dialog mit Kunstwerken in der Primarstufe.

Ablauf des Stationenlernens

1. Einstiegsphase

Im Kreis liegen die Werkzeuge, die benutzt werden sollen. Die Kinder können sich äußern und ihre Vorerfahrungen einbringen. Wichtig ist eine korrekte Benennung der Werkzeuge.
Denkbar ist auch eine Zuordnung von Wortkarten zu den Werkzeugen.

Arbeits-/Sozialform: Kreis
Material: Werkzeuge
Zeitbedarf: etwa 15 Minuten

2. Arbeiten an den Stationen

Station	Materialien und Medien	Aktivität der Kinder	Ziel(e)	Hinweise
Station 1: Bohren und schrauben	• Holzblock aus Weichholz • Kreuz- und Schlitzschrauben • passende Schraubendreher • Handbohrmaschine oder Nagelbohrer	Kinder bohren mit dem Bohrer ein Loch und drehen eine Schraube ein.	Kinder erfahren das Eindrehen von Schrauben als Arbeitsgang mit zwei Schritten (bohren und schrauben). Sie erkennen die Zuordnung von Schlitz- und Kreuzschraube zum entsprechenden Schraubendreher.	Zwei Kinder an einer Station zur gegenseitigen Beratung und Kontrolle. Auf senkrechtes Bohren achten! Die Schrauben sollen im Werkstück bleiben.
Station 2: Nagelhalter anfertigen	• fester Karton • Schere • Schablone • Bleistift • Nagel	Kinder zeichnen den Nagelhalter auf Karton nach Schablone auf und schneiden ihn aus.	Kinder erfahren den arbeitserleichternden Effekt eines Sicherheitshilfsmittels.	Der Nagel muss sicher und senkrecht im Halter klemmen.
Station 2a: Nagel einschlagen	• Holzstück aus Weichholz • mehrere Hämmer verschiedener Größe u. Schwere • große Nägel mit breiten Köpfen • Beißzange • Nagelhalter	Kinder schlagen einen Nagel unter Verwendung des Nagelhalters ein und ziehen ihn mit der Beißzange wieder heraus.	Kinder lernen den sachgerechten Umgang mit Hammer und Nagel. Sie erleben den unterschiedlichen Kraftaufwand bei unterschiedlicher Hebellänge.	Diese Station muss zur vorigen räumlich benachbart sein. Evtl. Person für die Sicherheit einsetzen.
Station 3: Holz sägen	• Weichholzleisten • am Tisch befestigte Schneidlade • Feinsäge (ersatzweise: Schraubzwingen Fuchsschwanz)	Kinder legen die Holzleiste ein und sägen ein Stück ab.	Kinder erfahren, dass das Sägeblatt senkrecht geführt werden muss.	Beim Einlegen der Leiste Rechts- oder Linkshändigkeit beachten. Evtl. im Gespräch klären, was Sägemehl ist. Weiterführung: Spielfiguren herstellen.

Station	Materialien und Medien	Aktivität der Kinder	Ziel(e)	Hinweise
<u>Station 4:</u> **Holz schmir-geln**	• grobes u. feines Schmirgelpapier • Leisten, die zuvor abgesägt wurden	Kinder schmirgeln mit verschieden gekörntem Schmirgelpapier die Schnittkanten glatt.	Kinder erkennen die Unterschiede von feinem und grobem Schmirgel-papier.	Unterlage für Abrieb aus-legen. Doppelte Anlage der Station. Grobes und feines Schleif-papier der entsprechenden Nummerierung zuordnen. Einsatz eines Schleif-blockes klären.
<u>Station 5:</u> **Raspeln und feilen**	• großes Holzstück • ein Schraubstock • eine Raspel • eine Feile	Kinder raspeln in ein großes Holzstück eine Kerbe und feilen diese aus.	Kinder lernen, Raspel und Feile sachgerecht zu führen, d.h. Griff und Spitze zu fassen.	Darauf achten, dass das Werkzeug richtig gehalten wird. Arbeitsrichtung: vom Körper weg.

3. Reflexionsphase

Im Kreisgespräch können die Kinder ihre Erfahrungen thematisieren, ihre Probleme deutlich machen, sich gegenseitig Tipps geben und die richtige Handhabung der Werkzeuge demonstrieren.
Ein wesentlicher Aspekt dieses Abschlussgesprächs ist die Anwendung des Gelernten, z.B. durch die Herstellung eines 1x1-Brettes, eines Geo-Brettes etc. Eine direkte Anknüpfung wäre auch die Herstellung von Spielfiguren aus den Leisten oder aus Rundhölzern aus Station 3, die entsprechend weiter bearbeitet werden könnten.

Arbeits-/Sozialform: Kreis
Materialien und Medien: einzelne Produkte der Kinder
Zeitbedarf: etwa 15 Minuten

Bohren und schrauben

Station 1

Du brauchst:

einen Bohrer
einen Schlitzschraubendreher
einen Kreuzschraubendreher
mehrere unterschiedliche Holzschrauben
einen Holzblock

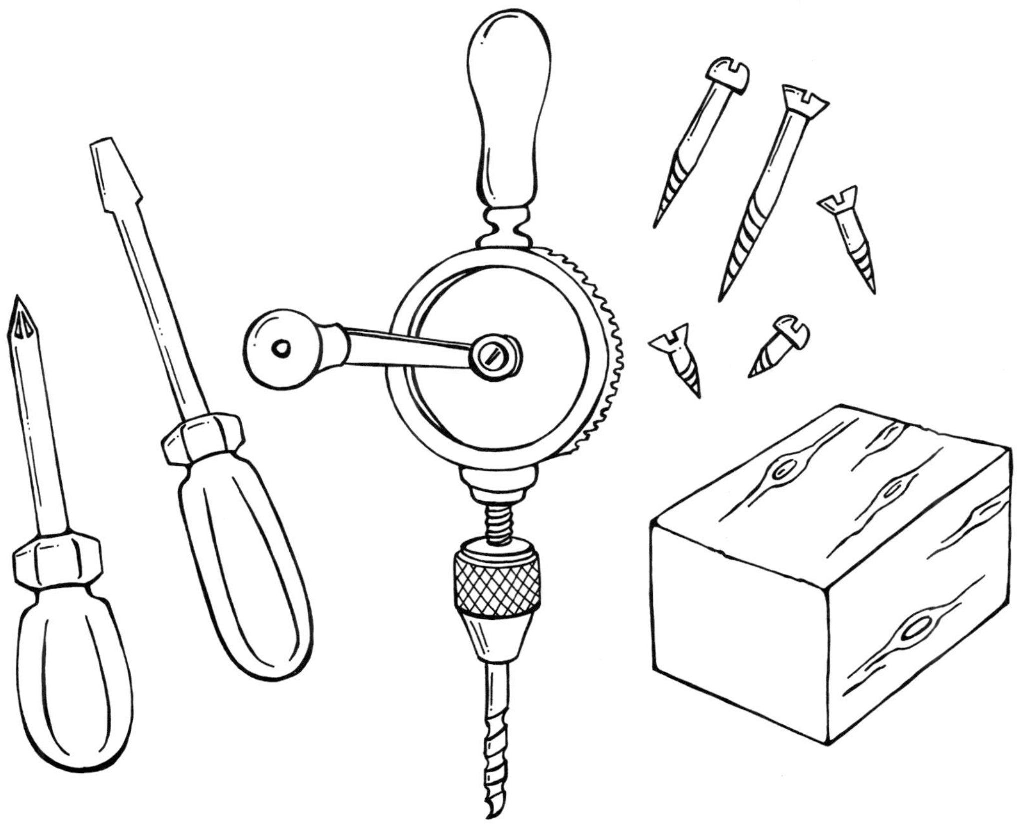

Aufgabe:

1. Bohre mit dem Bohrer ein Loch in den Holzblock
   und drehe eine Schraube ein.

Nagelhalter anfertigen

Station 2

Du brauchst:

ein Stück Karton
eine Schere
eine Schablone
einen Bleistift
einen Nagel

Aufgabe:

1. Lege die Schablone auf den Karton.
   Zeichne den Umriss und schneide aus.
2. Schiebe den Nagel in den Schlitz.
   Er darf nicht wackeln.
3. Nimm den Nagelhalter zur nächsten Station mit.

Nagel einschlagen

Station 2a

Du brauchst:

Hämmer
einen Nagel
eine Beißzange
einen Holzblock
deinen Nagelhalter aus Station 2

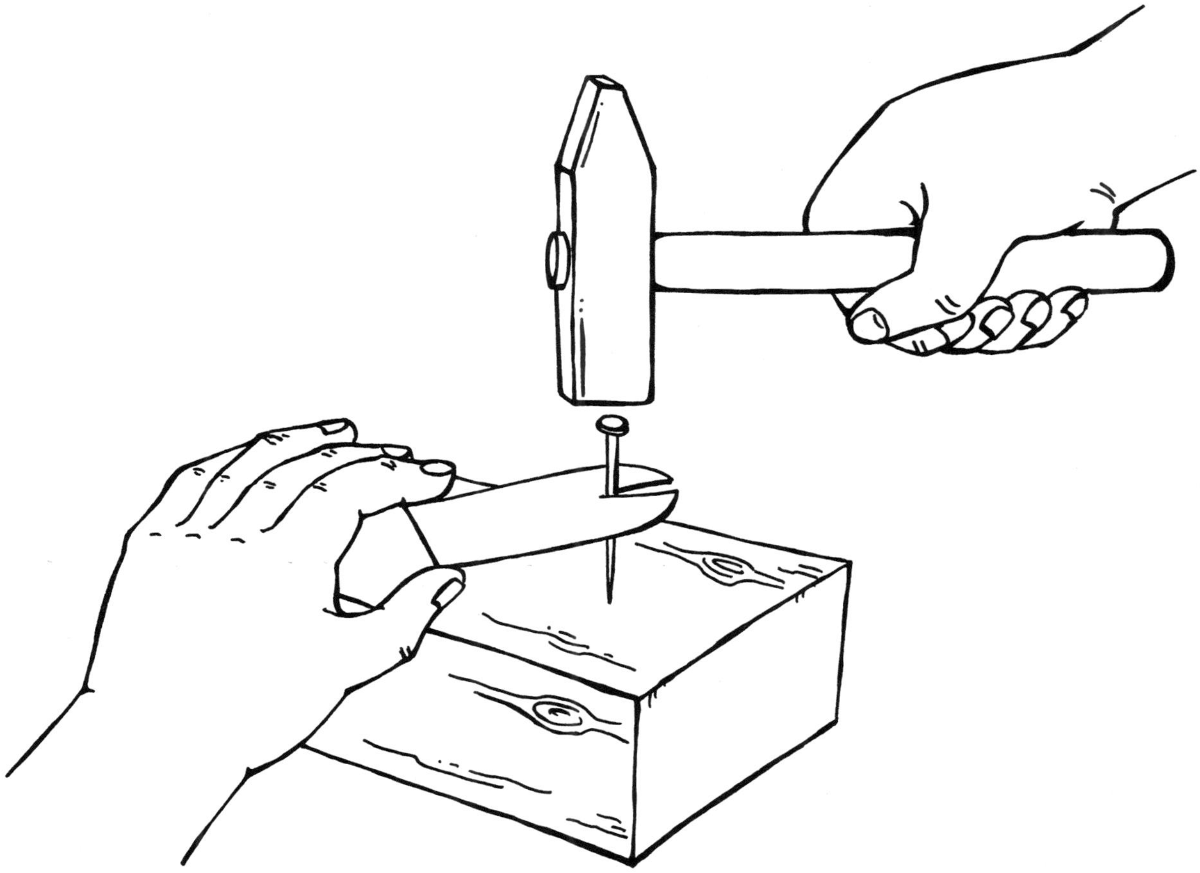

Aufgabe:

1. Wähle einen Hammer aus, der dir gut in der Hand liegt.
2. Fasse den Hammer an verschiedenen Stellen des Holzstiels und schlage den Nagel leicht und regelmäßig ins Holz.
3. Schau dabei auf den Nagel, nicht auf den Hammer!
4. Ziehe den Nagel mit der Beißzange wieder heraus.

Tipp: Verwende deinen Nagelhalter!

🚶🚶 Holz sägen **Station 3**

Du brauchst:

die befestigte Schneidlade
eine Feinsäge
eine Holzleiste

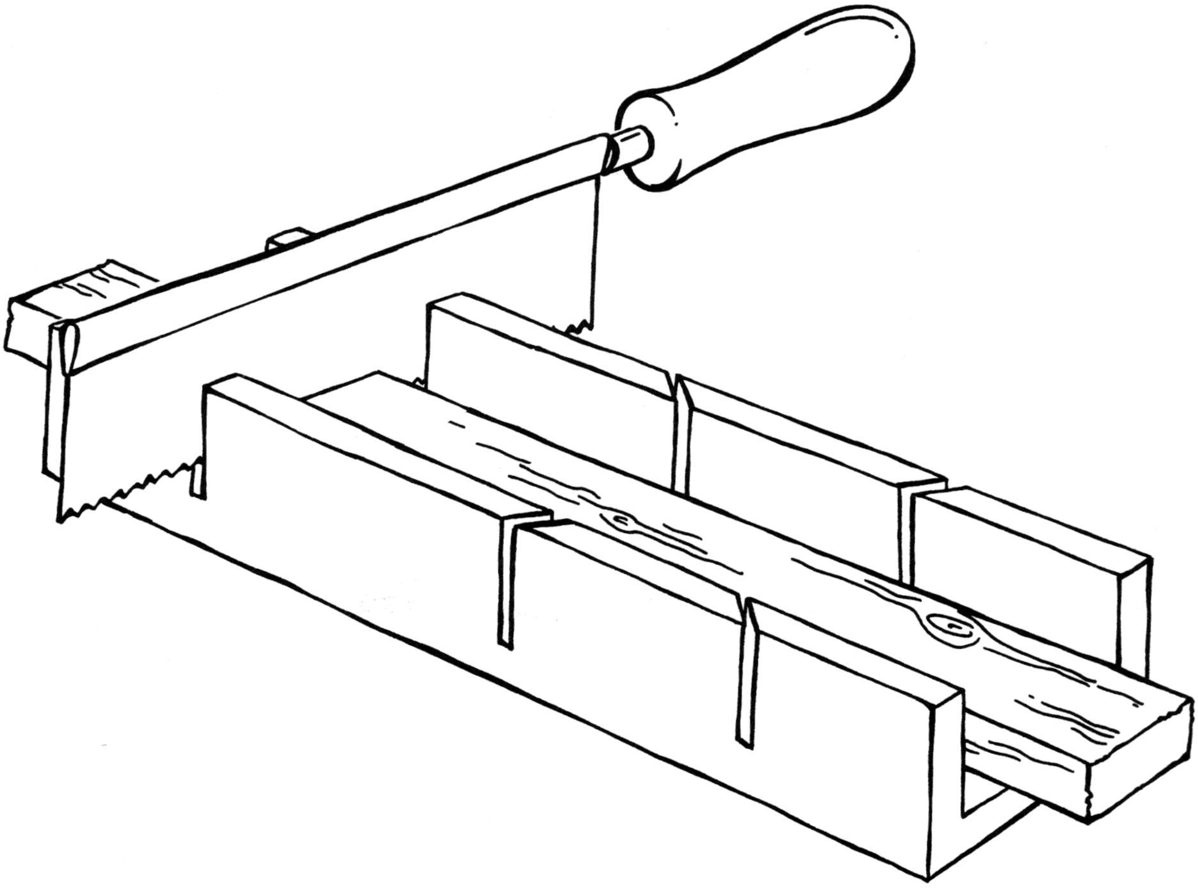

Aufgabe:

1. Lege die Holzleiste in die Schneidlade.
2. Probiere aus, wie du die Säge halten musst.
3. Nimm den Holzabschnitt zur Schmirgel-Station mit.

Holz schmirgeln

Station 4

Du brauchst:

deinen Holzabschnitt vom Sägen
feines Schmirgelpapier
grobes Schmirgelpapier

Aufgabe:

1. Glätte die rauhen Kanten deines Holzstückes mit den verschiedenen Sorten des Schmirgelpapiers.
2. Prüfe das Ergebnis sorgfältig mit deinem Finger.

Raspeln und feilen

Station 5

Du brauchst:

ein Holzstück
eine Raspel
eine Feile

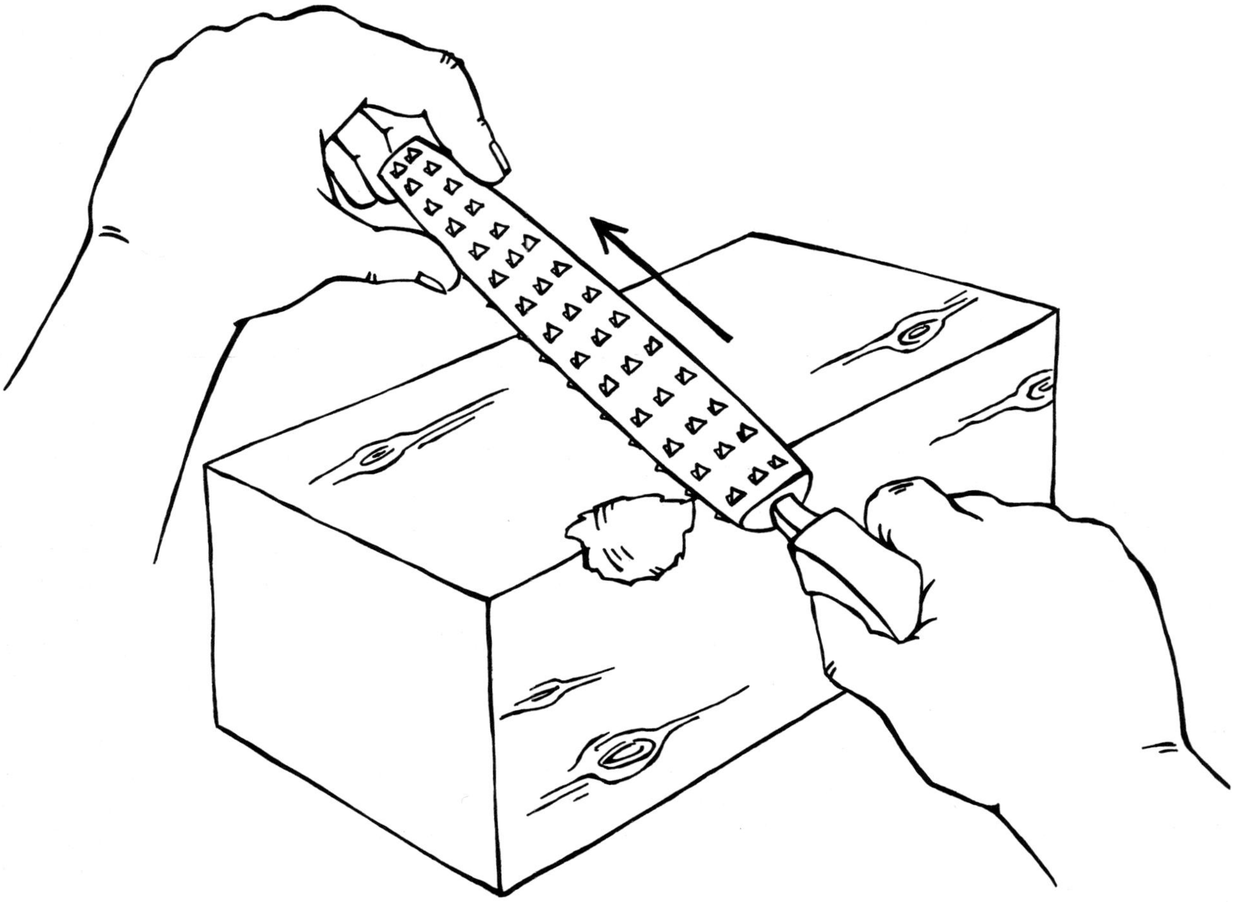

Aufgabe:

1. Halte die Raspel mit der einen Hand am Griff und mit der anderen leicht an der Spitze fest.
   Arbeite immer vom Körper weg.
2. Raspele eine tiefe Kerbe in eine Kante.
3. Arbeite auf die gleiche Weise mit der Feile nach.

Erste Hilfe für Kinder
Klasse 3/4

Zum Thema

Manche Grundschulkinder waren schon einmal in einer Notfallsituation – sei es als Betroffener oder als Zeuge – und sie können jederzeit in eine solche geraten. Dann ist es notwendig, sich angemessen und richtig zu verhalten, um seine eigene und die Gesundheit anderer Menschen nicht zu gefährden. Die Vermittlung von Basiswissen der Ersten Hilfe macht es den Kindern möglich, bei Notfällen in ihrer Umgebung einzugreifen. Sie werden durch das Erlernen der Maßnahmen zu Hilfeleistungen motiviert. So lernen sie Verantwortung für sich selbst und andere Menschen zu übernehmen. Der Stationenbetrieb eignet sich für dieses Thema besonders gut, weil die Kinder in Partner- oder Gruppenarbeit die Rettungsmaßnahmen direkt praktisch üben können.
Die *Erste Hilfe* ist kein Ersatz für eine ärztliche Behandlung, sondern stellt eine schnelle – oftmals lebensrettende – Hilfeleistung in Notfallsituationen dar, bevor ein Mediziner den oder die Verletzten versorgt. Sie beinhaltet lebensrettende Sofortmaßnahmen, Durchführung des Notrufs, Schmerzlinderung, Präventivmaßnahmen und Betreuung der Betroffenen. Da diese Maßnahmen fließend ineinander übergehen müssen, spricht man von einer Rettungskette bestehend aus fünf Gliedern: *Sofortmaßnahmen, Notruf, weitere Maßnahmen der Ersten Hilfe, Rettungsdienst, Krankenhaus.*
Der Ersthelfer oder die Ersthelferin muss einige wichtige Eigenschaften besitzen, um optimale Hilfe leisten zu können. Er/Sie muss Ruhe bewahren, sicher auftreten, umsichtig handeln und beruhigenden Zuspruch geben, um bei den Betroffenen keine Panik auszulösen.
Auch Kinder können im Grundschulalter an die Erste Hilfe herangeführt werden, so dass sie befähigt werden, sich in Notfallsituationen richtig zu verhalten, anderen zu helfen und kleinere Verletzungen selbstständig zu versorgen. In diesem Alter sind die Schülerinnen und Schüler bereits in der Lage, in einem gewissen Rahmen Verantwortung zu übernehmen. Da die Erste Hilfe vielfältige Bereiche und Maßnahmen beinhaltet, muss bei der Thematisierung im Unterricht von Situationen ausgegangen werden, die der Lebenswirklichkeit der Kinder entsprechen. Es müssen solche Hilfemaßnahmen eingeübt werden, die tatsächlich auch schon von Grundschulkindern praktiziert werden können.
Nähere Sachinformationen zu den einzelnen Erste-Hilfe-Maßnahmen können aus dem Buch „Erste Hilfe“ des Deutschen Roten Kreuzes, Bonn 1994, entnommen werden.

Zielgruppe

Der Stationenbetrieb wurde für ein drittes Schuljahr konzipiert, ist auch auf ein viertes Schuljahr übertragbar. Es ist aber außerdem zu überlegen, ob in abgewandelter Form kleinere Maßnahmen auch schon im ersten und zweiten Schuljahr thematisiert werden können.

Unterrichtlicher Zusammenhang

Die Unterrichtsreihe zur Ersten Hilfe wurde im Anschluss an die Verkehrserziehung durchgeführt und fächerübergreifend angelegt. Nach einer Einführung in die erste Hilfe (Notwendigkeit, Rettungskette, Vorbereitung auf den Besuch des DRK) folgte ein Besuch des Rettungsdienstes in der Schule. Aufbauend auf diesen Vorerfahrungen wurde der beschriebene Stationenbetrieb durchgeführt und nachbereitet.

Organisatorische Aspekte

Durch das Vermitteln von Maßnahmen der Ersten Hilfe wird bei den Kindern von vornherein richtiges Verhalten aufgebaut. Es kommt nicht nur auf die Vermittlung rein technischer Fertigkeiten an, sondern darauf, die Kinder für Hilfeleistungen zu sensibilisieren und erforderliches Kompetenzgefühl aufzubauen.
Dieses Stationenlernen ist als Heranführung an die Erste Hilfe zu sehen. Die Kinder eignen sich kein komplettes Erste-Hilfe-Wissen an, sondern vielmehr soll das Interesse durch altersgemäße Fallbeispiele geweckt werden. Sie lernen ihre Ängste abzubauen und stärken dadurch ihre Fähigkeit zur sozialen Verantwortung.
Die Schülerinnen und Schüler durchlaufen die Arbeitsangebote am besten in Partnerarbeit.
An den einzelnen Stationen finden die Kinder Situationenbeschreibungen vor, die es ihnen ermöglichen, sich auf die zu übende Maßnahme einzustellen. Es ist sinnvoll, in die beigefügten Texte eigene, den Kindern bekannte Ortsnamen einzufügen. Die Übungen werden ohne Schutzhandschuhe durchgeführt, um überhaupt erst einmal mit den Maßnahmen vertraut zu werden. Den Kindern ist aber bewusst, dass im Ernstfall Schutzhandschuhe getragen werden müssen.
Jedes Paar erhält zu Beginn einen Verbandkasten, der das benötigte Material enthält. So haben sie alle Materialien direkt zur Hand. Sie lernen die richtigen Verbandsmaterialien kennen und situativ richtig anzuwenden. Außerdem bekommen die Kinder ein eigenes Erste-Hilfe-Buch, in dem sie die bearbeiteten Stationen eintragen.
Die Kinder tragen in diesen Stunden Sportbekleidung, weil so alle Körperteile für das Verbinden bekleidungsfrei sind. So lassen sich Erste-Hilfe-Maßnahmen optimal einüben.

Ablauf des Stationenlernens

1. Einstiegsphase

Zu Beginn der Stunde ordnen die Kinder Wortkarten dem entsprechenden Verbandmaterial zu. Durch die Präsentation eines Verbandkastens – bestückt mit dem notwendigen Verbandsmaterial für den Stationenbetrieb – wird die Aufmerksamkeit der Kinder auf die Thematik der Stunde gelenkt, so dass sie motiviert sind, sich spontan zu den Gegenständen zu äußern. Sie erhalten auf diesem Wege die Möglichkeit, ihre Erfahrungen und Kenntnisse in das Gespräch einzubringen.
Durch die Zuordnung der Wortkarten zu den Gegenständen machen sich die Kinder mit dem Verbandsmaterial vertraut und prägen sich die Bezeichnungen ein – eine Grundlage für ihre anschließenden Handlungsaktivitäten.
Die Kinder erhalten die Aufgabenstellung und ein eigenes Erste-Hilfe-Buch, das ihnen zum einen als Laufzettel dient, zum anderen nach Durchlaufen des Stationenbetriebes als Nachschlagewerk zur Verfügung steht.
Die Schülerinnen und Schüler erhalten noch einige wichtige Arbeitsanleitungen, suchen sich einen Partner oder eine Partnerin, verschaffen sich einen Überblick über die Angebote und beginnen zu arbeiten.

Material/Medien:	Verbandkasten mit Inhalt, Wortkarten, Verbandmaterial, Erste-Hilfe-Bücher
Sozialform/Arbeitsform:	Sitzkreis, Unterrichtsgespräch
Zeitbedarf:	etwa 15 Minuten

2. Arbeiten an den Stationen (Zeitbedarf: Etwa 60 Minuten)

Station	Materialien und Medien	Aktivität der Kinder	Ziel(e)	Hinweise
Station 1: Wie verständige ich den Rettungsdienst?	• Telefone • Arbeitsanweisung • Situationsbeschreibung • Erinnerungskarte für den Notruf	Die Kinder lesen einen Text, in dem sich ein Autounfall ereignet. Anschließend üben sie im Rollenspiel, den Notruf auszuführen. Ein Kind kontrolliert dabei den Notruf.	Die Kinder lernen, in einer Notsituation ruhig zu bleiben, nachzudenken und den Rettungsdienst zu verständigen. Dabei prägen sie sich die wichtigen Notrufnummern und die fünf „W-Fragen“ ein.	Partnerarbeit und Gruppenarbeit Wiederholung und Festigung des Notrufs.
Station 2: Wie helfe ich bei Nasenbluten?	• Waschlappen • Handtücher • Taschentücher • Kühltasche • Arbeitsanweisung • Kühlakkus • Situationsbeschreibung mit Anleitung für Erste Hilfe	Die Kinder lesen sich die Situationsbeschreibung durch und üben die Hilfeleistung bei Nasenbluten ein, indem das eine Kind dem anderen einen kalten Umschlag in den Nacken legt, den Kopf vornüber beugt und das imaginäre Blut aus der Nase laufen lässt. Dann wechseln die Kinder die Rollen und üben noch einmal.	Die Kinder setzen sich mit einem Text selbstständig auseinander und setzen ihn handelnd um, indem sie die richtigen Hilfemaßnahmen bei Nasenbluten einüben. Sie lernen, sich in der beschriebenen Situation richtig zu verhalten.	Partnerarbeit
Station 3: Wie helfe ich bei einer Wunde am Knie?	• Arbeitsanweisung • Situationsbeschreibung • Heftpflaster • Mullkompresse	Die Kinder lesen sich die Situationsbeschreibung durch, simulieren eine Knieverletzung und legen sich gegenseitig nach Anleitung einen Heftpflasterwundverband an. Dabei wählen sie zwischen einem Streifen- oder Rahmenwundverband.	Die Kinder setzen sich selbstständig mit einem Text auseinander und setzen diesen handelnd um, indem sie sich gegenseitig einen Wundschnellverband anlegen. So erlangen sie die Fertigkeit und Fähigkeit, bei einer größeren Wunde Erste Hilfe zu leisten.	Partnerarbeit

Station	Materialien und Medien	Aktivität der Kinder	Ziel(e)	Hinweise
Station 4: **Wie helfe ich bei einer Wunde in der Hand?**	• Arbeitsanweisung • Heftpflaster • Schere • Verbandpäckchen • Situationsbeschreibung und Anleitung für die Erste Hilfe	Die Kinder lesen die Situationsbeschreibung durch und legen sich gegenseitig nach schriftlicher Anleitung einen Bindeverband an der Hand an.	Die Kinder setzen sich selbstständig mit dem Text auseinander und setzen diesen handelnd um, indem sie sich gegenseitig einen Bindeverband anlegen. So erlangen sie die Fertigkeit und Fähigkeit, bei einer Schnittverletzung Erste Hilfe zu leisten.	Partnerarbeit
Station 5: **Wie helfe ich bei einer Wunde am Ellenbogen?**	• Arbeitsanweisung • Situationsbeschreibung mit Anleitung für die Erste Hilfe • Wundpflaster • Schere	Die Kinder lesen sich die Situationsbeschreibung durch und setzen dann die schriftliche Anleitung um, indem sie den Ellenbogenpflasterverband üben.	Die Kinder setzen sich selbstständig mit einem Text auseinander und setzen diesen handelnd um, indem sie sich gegenseitig einen Wundschnellverband am Ellenbogen anlegen. So erlangen sie die Fertigkeit und Fähigkeit, bei einer Wunde am Gelenk das Pflaster richtig einzuschneiden und Erste Hilfe zu leisten.	Partnerarbeit
Station 6: **Wie helfe ich bei einer Wunde am Finger?**	• Arbeitsanweisung • Situationsbeschreibung mit Anleitung für die Erste Hilfe • Wundpflaster • Schere	Die Kinder lesen sich die Situationsbeschreibung durch und setzen dann die schriftliche Anleitung um, indem sie den Fingerkuppenpflasterverband üben.	Die Kinder setzen sich selbstständig mit einem Text auseinander und setzen diesen handelnd um, indem sie sich gegenseitig einen Wundschnellverband am Finger anlegen. So erlangen sie die Fertigkeit und Fähigkeit, bei einer Wunde am Finger das Pflaster richtig einzuschneiden und Erste Hilfe zu leisten.	Partnerarbeit
Station 7: **Lesetisch mit Arbeitskartei**	• Arbeitsanweisung • Bücher • Karteikarten • Lesetexte	Die Kinder lesen sich die Aufgabenstellung durch und holen gezielt Informationen ein oder „schmökern". Dabei haben sie die Möglichkeit, eine eigene Klassenkartei zum Thema Erste Hilfe zu erstellen.	Die Kinder werden an den Umgang mit Literatur herangeführt. Sie lernen Sachbücher zu nutzen. Dabei könnte auch ihre Lesemotivation gefördert werden.	Einzel- oder Partnerarbeit Das Erstellen einer Klassenkartei dient der bewussten Auseinandersetzung mit Texten und dem Ziel, Informationen zu entnehmen.

3. Reflexionsphase

In dieser Phase haben die Kinder Gelegenheit, ihre gesammelten Erfahrungen und Kenntnisse über Erste-Hilfe-Maßnahmen auszutauschen, zu verbalisieren und gegebenenfalls Schwierigkeiten zu beseitigen. Die Kinder haben die Gelegenheit, eine Erste-Hilfe-Maßnahme nach eigener Wahl im Sitzkreis vorzuführen, und festigen so ihr Wissen. Gleichzeitig erfahren sie eine Kontrolle ihrer selbstständigen Arbeit.
Aspekte der Reflexion könnten sein:
- Thematisierung der Partnerarbeit
- Probleme bei einzelnen Stationen
- Verhalten in Erste-Hilfe-Situationen
- Präsentation und Würdigung von Arbeitsergebnissen
- Betonung wichtiger Sachaspekte

Medien:	Ergebnisse der Lernstationen
Sozialform/Arbeitsform:	Sitzkreis, Unterrichtsgespräch, Partnerarbeit
Zeitbedarf:	etwa 15 Minuten

Literatur

Franke, Kristina: Erste Hilfe für Kinder: Ein Hosentaschenbüchlein für den Notfall. Münster 1990.

Maxi + Baxi 3: Erste Hilfe „Was man tun muß, wenn was passiert ist", hg. v. d. Techniker Krankenkasse. o. O. o. J.

Peterson, Hans: Aua, das tut weh! Hamburg 1988

Erste Hilfe – Gesundheit erleben – für die Gesundheit lernen. Unterrichtshilfen für Kinder im Grundschulalter, hg. v. der Hessischen Arbeitsgemeinschaft für Gesundheitserziehung. Marburg o. J.

Erste Hilfe. Das unentbehrliche Nachschlagewerk für jedermann, hg. v. Deutschen Roten Kreuz. Generalsekretariat. Bonn 1994.

Gesundheitserzieung für die Klassen 5 – 8 „Dir zuliebe – Erste Hilfe – mir zuliebe", hg. v. Deutschen Roten Kreuz, Generalsekretariat. Bonn 1996.

Heranführung an die Erste Hilfe. Vorschläge für die Kindergruppenarbeit, hg. v. Jugendrotkreuz Westfalen Lippe. Münster 2. Auflage. o. J.

Junger Helfer Grundschule, hg. v. Deutschen Jugendrotkreuz im DRK. Landesverband Niedersachsen. Hannover 1992.

👤👤(👤) Wie verständige ich den Rettungsdienst? Station 1

Du brauchst:

Lesetext
2 Telefonapparate
Notrufkarte mit den 5 W-Fragen

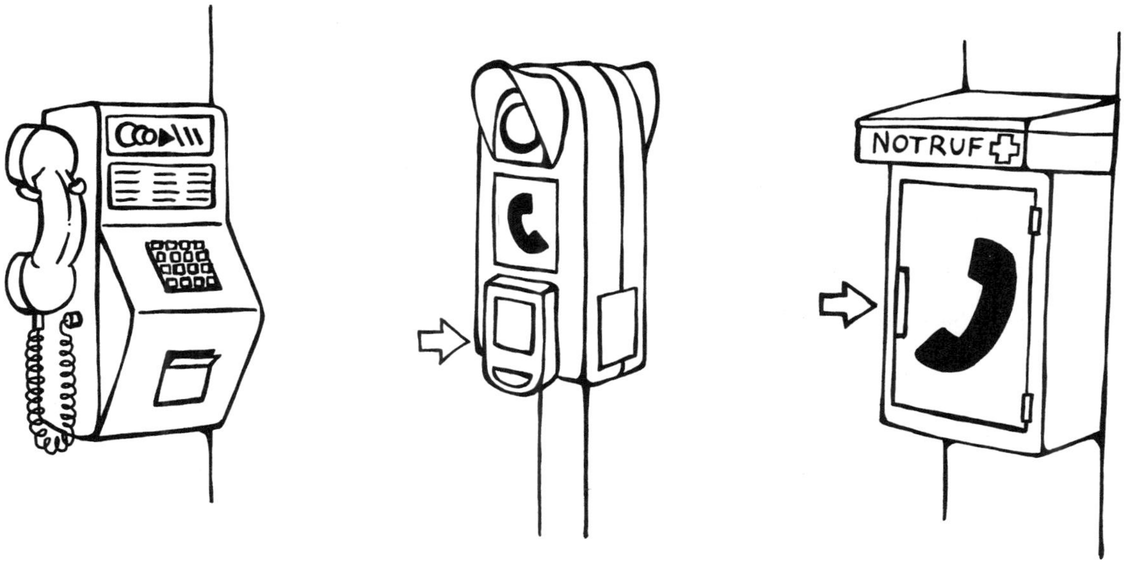

Aufgabe:

1. Lest euch den Text genau durch.
2. Übt im Rollenspiel den Notruf.
3. Einer oder eine kontrolliert, ob der Notruf richtig durchgeführt wird. Wechselt auch einmal die Rollen.

Tipp:

Welche Nummer muss Heike wählen?
Was muss sie am Telefon sagen?
Erinnert euch an die fünf W-Fragen.

Notruf

<u>W</u>o geschah es?

<u>W</u>as geschah?

<u>W</u>ie viele Verletzte?

<u>W</u>elche Arten von Verletzungen?

<u>W</u>arten auf Rückfragen?

Wie helfe ich bei Nasenbluten?

Station 2

Du brauchst:

Lesetext
Waschlappen, Taschentücher, Handtücher
Kühlakkus

Aufgabe:

1. Spielt die Situation nach
   und übt die Erste Hilfe bei Nasenbluten.
2. Wechselt auch einmal die Rollen.
3. Achtet auf den Tipp.

Tipp:

Kopf nach vorne beugen. Stirn in die Hände stützen.
Blut aus der Nase laufen lassen.
Kaltes Tuch oder Kühlakku in den Nacken legen.

Beachte: Wenn die Nase sehr stark blutet und dies nicht aufhört, sofort einen Arzt rufen!

Wie helfe ich bei einer Wunde am Knie? Station 3

Du brauchst:

Lesetext
Heftpflaster
Mullkompresse

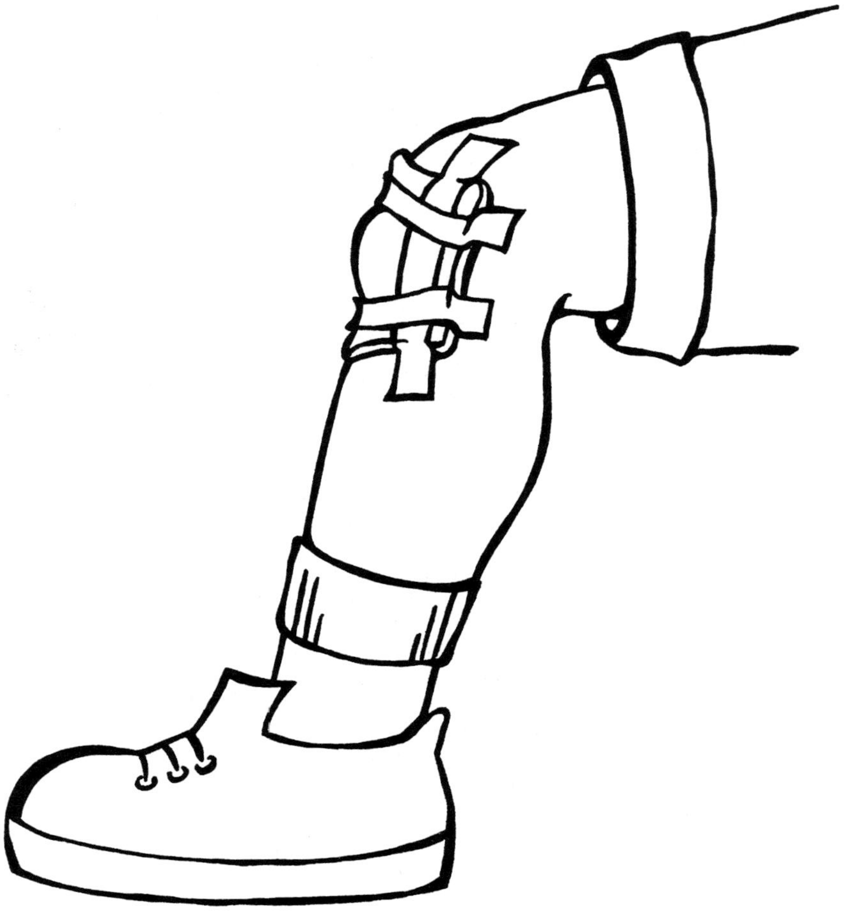

Aufgabe:

1. Lest euch den Text durch.
2. Schaut euch den Tipp an.
   Lest euch den Tipp genau durch und macht es nach.
3. Wechselt auch einmal die Rollen.

Tipp:

Lege eine Mullkompresse auf die Wunde.
Schneide vier Heftpflasterstreifen von der Rolle ab.
Klebe mit den Streifen die Mullkompresse fest.

Lasse die Verletzung auf jeden Fall von einem Erwachsenen kontrollieren. Gehe gegebenenfalls zum Arzt.

Wie helfe ich bei einer Wunde an der Hand? — Station 4

Du brauchst:

Lesetext
Verbandpäckchen
Pflasterstreifen
Schere

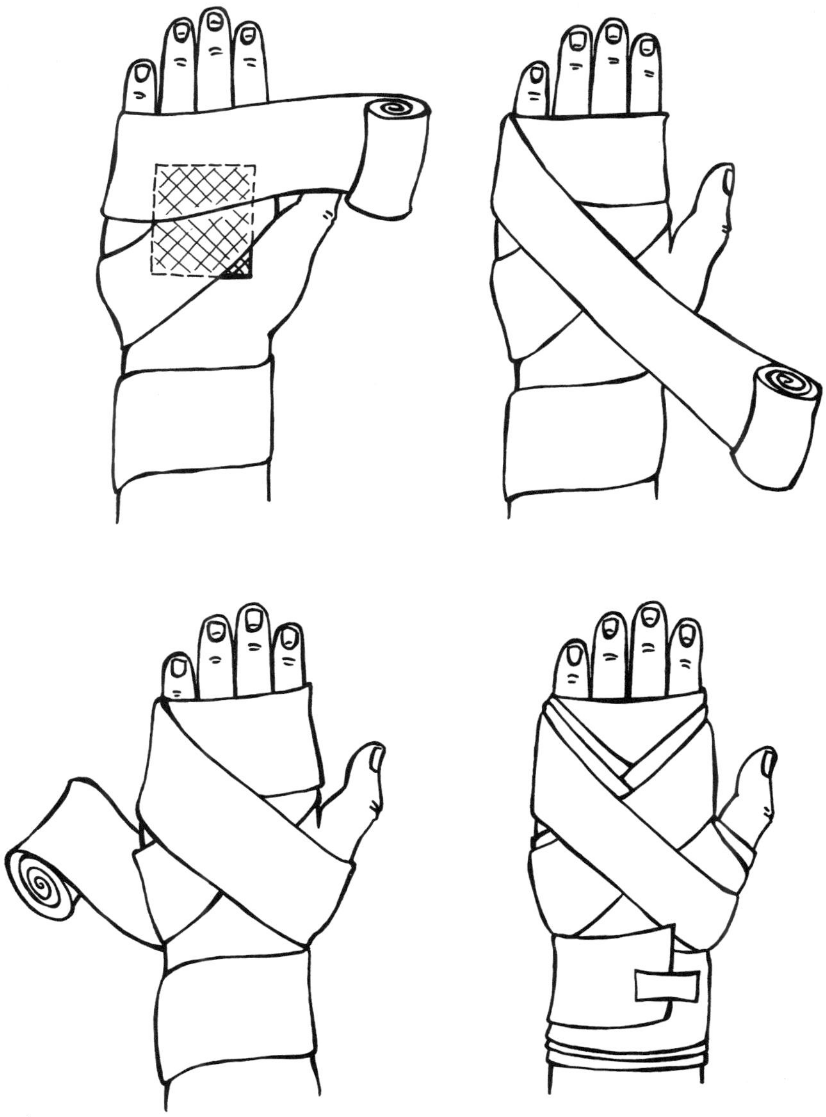

Aufgabe:

1. Lest euch den Text durch.
2. Lest euch den Tipp genau durch und macht es nach.
3. Wechselt auch einmal die Rollen.

Tipp:

Lege eine Mullkompresse auf die Wunde auf den Handrücken.
Lege den Anfang des Verbandes auf die Mullkompresse.
Wickle dann den Verband um die Hand. Schaue dir die Bilder ganz genau an und probiere es aus.
Benutze zum Verschließen ein Stück Pflaster.

Lasse die Verletzung auf jeden Fall von einem Erwachsenen kontrollieren. Gehe gegebenenfalls zum Arzt.

Wie helfe ich bei einer Wunde am Ellenbogen? **Station 5**

Du brauchst:

Lesetext
Wundpflaster
Schere

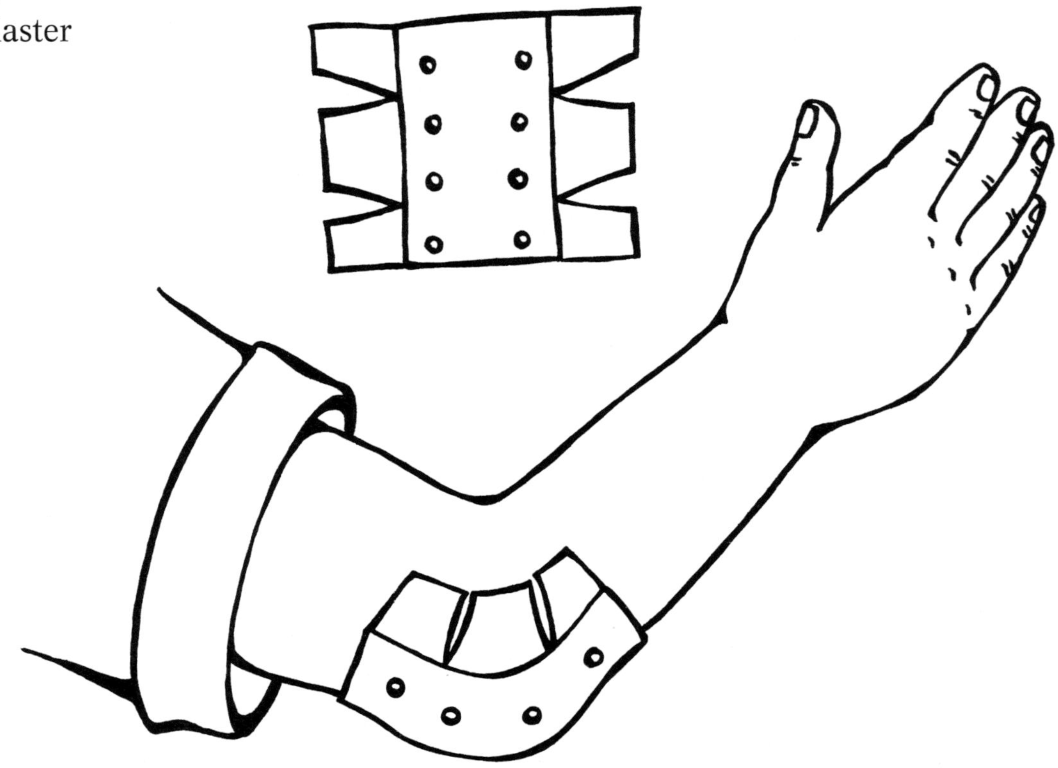

Aufgabe:

1. Lest euch den Text durch.
2. Lest euch den Tipp genau durch und macht es nach.
3. Wechselt auch einmal die Rollen.

Tipp:

Knicke das Pflaster bis zur Mitte.
Schneide jetzt auf beiden Seiten die Ecken ab.
Jetzt hast du zwei Dreiecke im Pflaster.
Knicke die andere Seite des Pflasters nun bis zur Mitte.
Schneide wieder die beiden Ecken ab.
Ziehe beide Schutzfolien ab.
Achte dabei darauf, dass du das Mullkissen nicht berührst.
Jetzt kannst du das Pflaster auf die Wunde legen und es festkleben.

Lasse die Verletzung auf jeden Fall von einem Erwachsenen kontrollieren. Gehe gegebenenfalls zum Arzt.

Wie helfe ich bei einer Wunde am Finger? Station 6

Du brauchst:

Lesetext
Wundpflaster
Schere

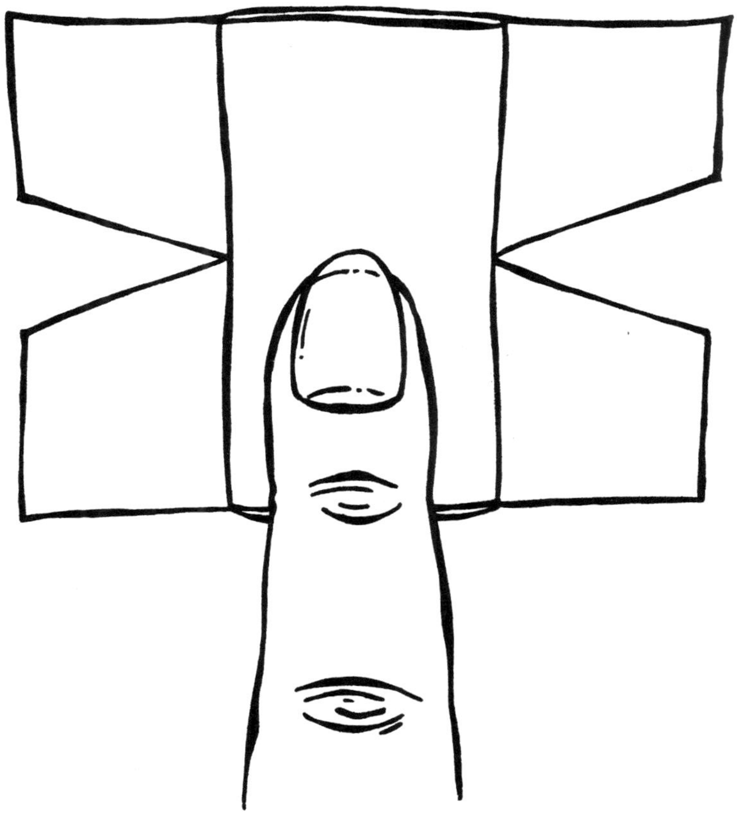

Aufgabe:

1. Lest euch den Text durch.
2. Lest euch den Tipp genau durch und macht es nach.
3. Wechselt auch einmal die Rollen.

Tipp:

Schneide an beiden Seiten des Pflasters ein Dreieck heraus:
Pflaster in der Mitte knicken
und die Ecken auf beiden Seiten abschneiden.
Beide Schutzfolien abziehen.
Achte darauf, dass du das Mullkissen nicht berührst.
Das Pflaster jetzt bis zur Hälfte um den Finger kleben.
Die überstehende Hälfte des Pflasters um den Finger legen
und festkleben.

Lasse die Verletzung auf jeden Fall von einem Erwachsenen kontrollieren. Gehe gegebenenfalls zum Arzt.

Lesetisch mit Arbeitskartei

Station 7

Du brauchst:

Lesetexte und Bücher zum Thema Erste Hilfe
Karteikarten

Aufgabe:

1. Suche dir etwas zum Lesen aus.
2. Was macht man eigentlich bei einem Insektenstich oder einem gequetschten Daumen?
3. Schreibe weitere Erste-Hilfe-Tipps auf eine Karteikarte:
   Vorderseite ➔ Frage
   Rückseite ➔ Antwort

   oder
   du schreibst den Erste-Hilfe-Tipp hier auf:

Lesetext

Station 1

Der Autounfall

Heike hat sich mit Jens zum Schwimmen im ______________ -
Schwimmbad verabredet.
Sie geht den kurzen Weg zu Jens zu Fuß.
Dabei muss sie über die _______________ Straße gehen.

Plötzlich hört sie einen lauten Knall.
Glas fällt klirrend auf die Straße.
Zwei Autos stehen an der Kreuzung.
Sie sind zusammengestoßen.
Eine Frau kümmert sich sofort um die Autofahrer.
Beide Fahrer sind verletzt.
Heike überlegt einen Moment, läuft dann in ein Geschäft
und ruft von dort den Rettungsdienst an.

Lesetext

Station 2

Carinas Nase blutet.

Es ist Pause. Einige Kinder der dritten Klasse
spielen auf dem Schulhof Fußball.
Andere spielen Verstecken in den Büschen.
Auch Carina und ihre Freundinnen verstecken sich.
Plötzlich bemerkt Carina, dass ihre Nase läuft.
Carina hat aber kein Taschentuch
und wischt mit ihrer Hand über die Nase.
Dabei sieht sie, dass sie Nasenbluten hat.
Esther hat ihre Freundin beobachtet und will ihr sofort helfen.
Sie ruft: „Carina, komm setz dich hier auf die Treppenstufen.
Beuge deinen Kopf etwas nach vorne
und lass das Blut aus deiner Nase herauslaufen.
Ich hole schnell ein kaltes Tuch.
Vielleicht hat der Hausmeister auch einen Kühlakku."

Lesetext | **Station 3**

Julias Sturz mit den Inline-Skates

Julia hat sich mit Simon zum Inline-Skate-Fahren verabredet.
Auf dem Weg zu Simon fällt ihr ein,
dass sie vergessen hat, ihre Knieschoner anzuziehen:
„Jetzt habe ich aber keine Lust, noch einmal zurückzulaufen.
Es wird schon nichts passieren.“
Simon möchte auch sofort losfahren.
Sie fahren gerade die Straße herunter,
als Kristina aus ihrem Haus kommt.
Julia sieht sie schon von Weitem
und fährt schneller.
Sie achtet nicht darauf, dass Steine auf dem Bürgersteig liegen,
stolpert und fällt hin.
Sie hat eine große Wunde am Knie.
Simon und Kristina laufen zu ihr
und wollen ihr helfen.

Lesetext | **Station 4**

Peter hat sich geschnitten.

Peter bastelt sehr gerne.
Besonders gerne arbeitet er mit Holz.
Eines Nachmittags besucht er mit seinem Freund Max
den Bauernhof seines Opas in _______________ .
Dort gibt es eine große Scheune, in der viele alte Sachen liegen.
Der Opa erlaubt den Jungen, damit zu basteln.
Peter schnitzt mit seinem neuen Taschenmesser
an einem dicken Holzstab herum.
Er will ein Boot bauen.
Er weiß zwar, dass man jedes Werkzeug
immer nur von sich weg bewegen soll –
aber auf einmal ist es doch passiert:
Das Messer ist von dem Holzstück abgerutscht
und Peter hat sich tief in die linke Hand geschnitten.
Max sieht, was passiert ist und läuft schnell ins Haus,
um Verbandszeug zu holen.
Dann versorgt er Peters Wunde.

Lesetext — Station 5

Tobias Sturz mit dem Fahrrad

Tobias hat sich für eine Radtour am Samstag angemeldet.
Auch einige andere Kinder der Klasse 3 sind dabei.
Um 9 Uhr startet die große Tour nach ________________.

Die Kinder fahren fröhlich durch die Felder
und haben bald ________________ erreicht.

Endlich geht's bergab!
Alle haben viel Spaß und lassen ihre Räder einfach rollen.
Plötzlich gibt es einen Knall.
Tobias hat nicht auf den Weg geachtet und ist gestürzt.
Sofort halten die anderen Kinder und die Betreuerinnen an.
Tobias hat Glück gehabt. Er hat sich nur am Ellenbogen verletzt.

Jessica sucht in ihrem Rucksack nach einem Pflaster
und versorgt die Wunde von Tobias.

Lesetext — Station 6

Christopher hat sich in den Finger geschnitten.

Die Klasse 3 der Grundschule ________________
will ein Klassenfest veranstalten.
Christopher und Jasmin wollen einen Obstsalat mitbringen.
Die beiden treffen sich am Nachmittag
und kaufen das Obst.
Zu Hause angekommen, machen sie sich gleich an die Arbeit
und bereiten den Obstsalat vor.
Christopher schält die Äpfel mit einem Küchenmesser.
Plötzlich schreit er laut auf.
Er hat sich in den Zeigefinger geschnitten.
Jasmin schaut sich die Wunde sofort an:
„Du musst den Finger hoch halten,
damit nicht noch mehr Blut herauskommt.
Warte hier, ich hole ein Pflaster.
Danach rufen wir deine Mutter an.
Sie muss dich zum Arzt fahren.“

Name: ____________________

Notruf: ____________________

Feuerwehr: ____________________

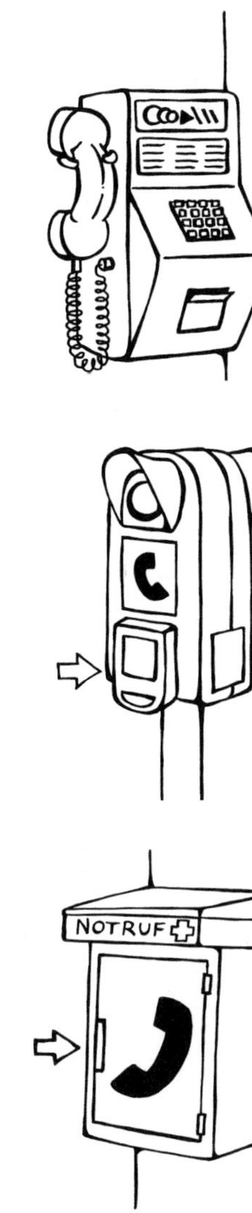

Wie helfe ich bei einer Wunde an der Hand?

1. Du brauchst: ein Verbandpäckchen.
2. Öffne das Verbandpäckchen.
3. Lege die Mullkompresse, die auf dem Verband ist, auf die Wunde.
4. Wickle dann den Verband um die Hand. Schaue dir die Bilder ganz genau an und probiere es aus.

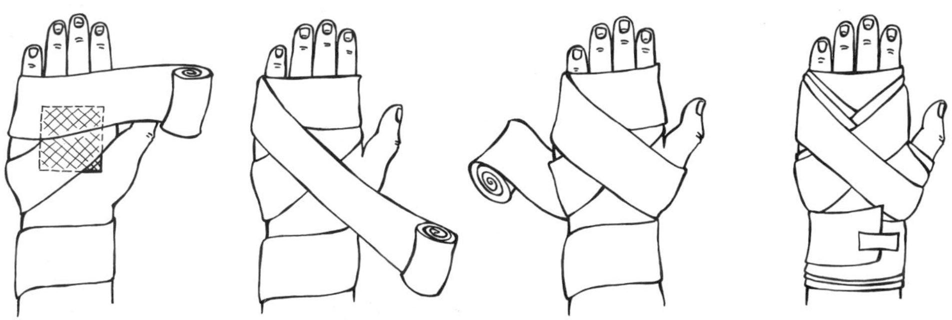

☛ **Beachte:** Wenn man den Verband angelegt hat, muss man auf jeden Fall sofort zu einem Arzt. Der schaut sich die Wunde dann noch einmal ganz genau an.

Wie helfe ich bei einer Wunde am Ellenbogen?

1. Du brauchst: ein Wundpflaster.
2. Schneide an beiden Seiten des Pflasters zwei Dreiecke heraus. Das machst du so:

Pflaster knicken und die Ecken auf beiden Seiten abschneiden.

3. Beide Schutzfolien abziehen. Achte darauf, dass du das Mullkissen nicht berührst.
4. Jetzt kannst du das Pflaster auf die Wunde legen und es festkleben.

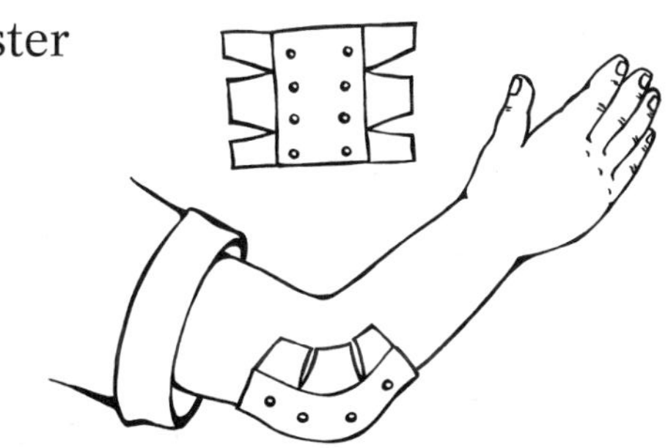

☛ **Beachte:** Zum Arzt muss man trotzdem gehen. Er kontrolliert, ob nichts gebrochen und die Wunde nicht entzündet ist.

Wie helfe ich bei Nasenbluten?

1. Kopf nach vorne beugen. Stirn in die Hände stützen.
2. Blut aus der Nase laufen lassen.
3. Kaltes Tuch oder Kühlakku in den Nacken lcgen.

☛ **Beachte:** Wenn die Nase sehr stark blutet und dies nicht aufhört, sofort einen Arzt rufen.

Wie helfe ich bei einer Wunde am Knie?

1. Du brauchst: Heftpflaster und eine Mullkompresse.
2. Lege eine Mullkompresse auf die Wunde.
3. Schneide vier Heftpflasterstreifen von der Rolle ab.
4. Klebe mit den Streifen die Mullkompresse fest.

Das kannst du so

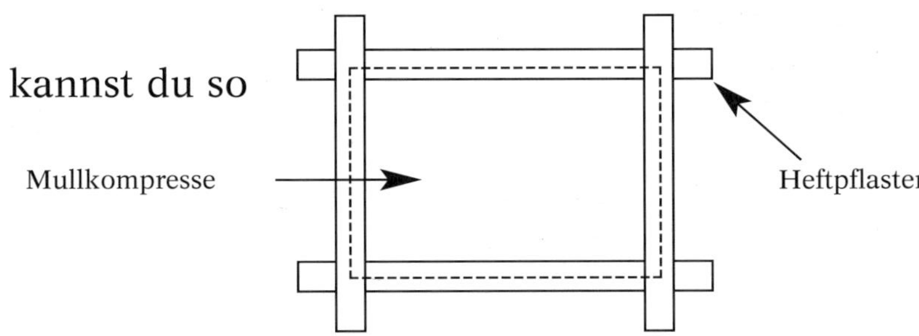

oder so machen

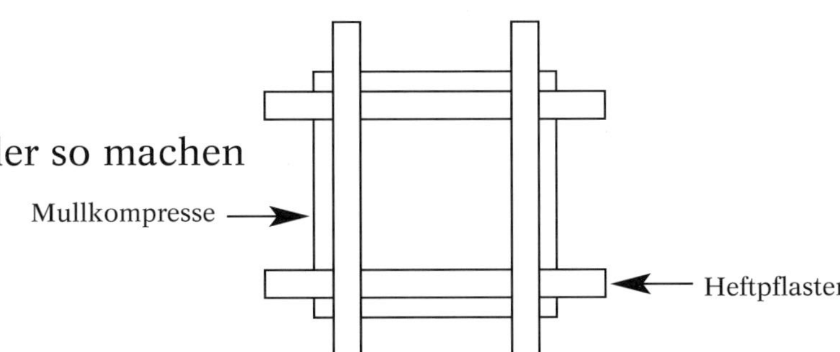

Wie helfe ich bei einer Wunde am Finger?

1. Du brauchst: ein Wundpflaster.
2. Schneide an beiden Seiten des Pflasters zwei Dreiecke heraus. Das machst du so:

   Pflaster in der Mitte knicken und die Ecken auf beiden Seiten abschneiden.

3. Beide Schutzfolien abziehen.
   Achte darauf, dass du das Mullkissen nicht berührst.

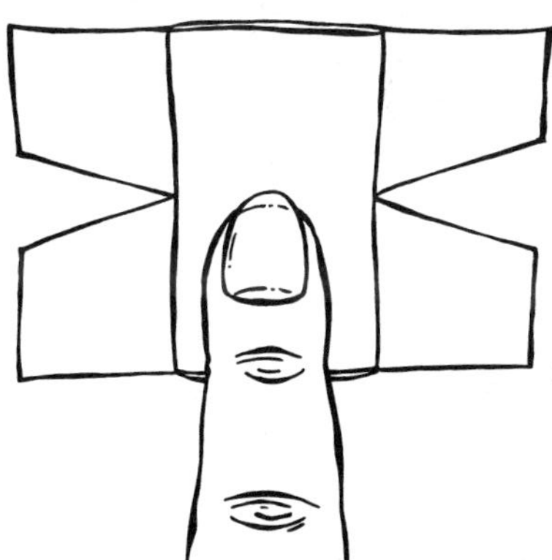

4. Das Pflaster jetzt bis zur Hälfte um den Finger kleben.
5. Die überstehende Hälfte des Pflasters um den Finger legen und festkleben.

Hier kannst du weitere ERSTE-HILFE-TIPPS aufschreiben:

Wie funktioniert unser Körper? Klasse 4

Zum Thema

In diesem Stationenlernen sollen die Kinder Kenntnisse über die Funktion von Körperteilen und Organen in handlungsorientierter Weise gewinnen.
Im Rahmen der Gesundheitserziehung soll dieses Thema dazu beitragen, die Körperwahrnehmung zu fördern, eine positive Haltung zum eigenen Körper aufzubauen und letztlich auch Gesundheitsgefährdungen zu vermeiden.
Die Auswahl der Teilthemen erhebt nicht den Anspruch, alle Sachaspekte ausgewogen und detailliert widerzuspiegeln. Die Versuche an den Stationen können aber im Zusammenhang mit den Sachtexten aus den angegebenen Kinderbüchern und den Reflexionsgesprächen die Themen Herz, Atmung, Muskeln und Skelett repräsentieren.

Zielgruppe

Dieses Stationenlernen wurde in zwei verschiedenen Klassen auf unterschiedliche Weise erprobt. Der Zeitraum war jeweils das erste Halbjahr des vierten Schuljahres. Die Klassengröße lag bei 24 bzw. 25 Kindern.
Im vierten Schuljahr haben Kinder ein sehr diffuses, entwicklungsbedingt naives Bild von den Vorgängen in ihrem Körper. Muskelkater und Schluckauf sind bekannte, aber für sie zunächst unerklärliche Körperregungen.

Unterrichtlicher Zusammenhang und organisatorische Aspekte

Zu Beginn der Reihe stand ein ausführliches Gespräch zum Vorwissen der Kinder über ihren Körper. Daran schloss sich die Bildung von Interessengruppen für arbeitsteilige Gruppenarbeit zu den Themen Herz, Atmung, Muskeln, Wirbelsäule und Gelenke an. Von diesen Gruppen wurden an Hand von Kindersachbüchern und von Versuchsanleitungen (vgl. Reichen) die einzelnen Themen weitgehend selbstständig erarbeitet mit dem Ziel, für die anderen Kinder eine Station mit bestimmten Versuchen aufzubauen. Die Kinder überlegten, welche Materialien sie in eigener Regie beschaffen konnten und welche die Lehrerin noch besorgen musste. In der nächsten Doppelstunde bauten sie die Versuchsanordnungen auf und schrieben dazu Versuchsanleitungen für ihre Mitschülerinnen und Mitschüler.

Das Stationenlernen begann mit einer neuen Gruppenzusammensetzung und zwar so, dass in jeder Gruppe ein Kind mit Spezialwissen vertreten war. In diesen festen Gruppen durchliefen die Kinder die Stationen und versuchten, Zusammenhänge zwischen Versuch, Sachtext und ihrem Körper herzustellen. In den Reflexionsphasen fand eine Vertiefung dieser Erkenntnisse mit allen Kindern statt. Zu jedem Reflexionsthema wurde in einen Körperumriss das jeweilige Organ bzw. der Körperteil an den richtigen Platz eingefügt. So entstand ein immer differenzierteres Bild des Körpers. Zusammenhänge zwischen Atmung und Blutkreislauf konnten aufgezeigt werden. Zum Thema Knochengerüst wurde mit dem OHP von einer Folie ein Skelett auf eine „lebendige Leinwand“, nämlich ein Kind mit heller Kleidung, projiziert. Zur Vertiefung stellten die Kinder als Hausarbeit ein Skelett aus Pappe und Heftklammern her.
Eine Weiterführung des Unterrichts mit dem Thema „Sexualerziehung“ bot sich an.

Die Versuche, die die Kinder zusammengestellt haben, werden hier als Stationenlernen vorgestellt. Es wurde in einer anderen Klasse erprobt. Auch hier fand ein Vorgespräch statt im Sinne eines Brainstormings. Dann wurden jeder Tischgruppe die Materialien für eine Station ausgehändigt. Die Aufgabe der Kinder war es, anhand der Arbeitsaufträge den entsprechenden Versuchsaufbau zu bewerkstelligen, mit Hilfe der Kindersachbücher Fachwissen zu erwerben und einen Zusammenhang zum eigenen Körper herzustellen. Nachdem die Versuchsanordnungen aufgebaut waren, konnten in zwei weiteren Doppelstunden die anderen Gruppen die Stationen durchlaufen und die Aufgabenstellungen schriftlich bearbeiten. In den Reflexionsgesprächen wurde der Versuchsaufbau in den Mittelpunkt gestellt und der Transfer zum menschlichen Körper von allen gemeinsam geleistet. So wurden auch der Schluckauf als Zwerchfellkrampf und Muskelkater als Folge von Muskeltraining erklärt. Jedes Kind hatte darüber hinaus die Aufgabe, seine Erkenntnisse zu ausgewählten Themen in Text und Skizze zu fixieren. Die Endreflexion bestand darin, das erworbene Fachwissen in einen Gesamtzusammenhang zu bringen; dazu diente ein Körperumriss, der mit Organen ausgelegt wurde.

Fächerübergreifend wurde die Kontrolle der Pulsfrequenz im Sportunterricht durchgeführt. Im Anschluss an das Stationenlernen beschäftigten sich die Kinder beider Klassen auf eigenen Vorschlag mit der Verdauung.

Als Fortführung bot sich weiterhin eine Idee von Kämpf-Jansen an (vgl. Die Grundschulzeitschrift 98): Die Beschäftigung mit einem männlichen Muskelprotz – dem „Power Ranger“ – sowie mit der „Barbie“-Puppe diente dazu, kritisches Nachdenken über derartige Vorbilder auszulösen bzw. sich mit der Problematik von Schönheitsidealen auseinanderzusetzen.

Literatur:

Aulas, F. u.a.: Erstaunliche Experimente. Spielerisch Wissen entdecken. Paris 1995.
Mayer, Werner G. (Hrsg.): Schlag nach im Sachunterricht. München 3. Aufl. 1995.
Kämpf-Jansen, Helga: Kindheitsdinge, in: Die Grundschulzeitschrift,12. Jg. 1998, Heft 116, Material S. 2 (30)
Reichen, Jürgen: Der menschliche Körper. Zürich 1992.
Strauß, E. u.a.: Biologie heute. Hannover 1993, S. 95.

Kinderliteratur:

Kaufmann, Joe: Mein erstes Buch vom Körper. Ravensburg 1976.
Parker, Steve: Mein Körper. Naturführer für Kinder. Gütersloh 1999.
Schneider, Silvia, Rieger, Birgit: Das große Buch vom Körper. Ravensburg 1996.

Ablauf des Unterrichtsvorhabens

Als genereller Einstieg sollte das Vorwissen der Kinder thematisiert werden.

Wie bereits erläutert, wurden die ausgewählten Themenbereiche durch Kinder einer vierten Klasse bestimmt. Vor Beginn des Stationenlernens sollten die einzelnen Modelle der Körperfunktionen in Gruppenarbeit gebaut werden.

Material für die Gruppenarbeit (für die Bauanleitungen):

Station 1: Die Wirbelsäule

1 Holzbrett, z.B. 25 x 9 x 2cm
2 passende Holzschrauben für das Holzbrett
1 Schraubendreher
2 Stücke isolierter Draht, 35 cm lang, etwa 3mm Durchmesser

Station 2: Die Gelenke

Kugelgelenk:

2 Vierkanthölzer, ca. 20 cm lang
1 Tischtennisball aufgeschnitten, so dass 1/3 als Kappe fehlt
1 kleiner ebenso aufgeschnittener Gummiball, so groß, dass der Tischtennisball hineinpasst
Wattebausch als „Gelenkschmiere“
2 Holzschrauben zur Befestigung der Bälle an den Vierkanthölzern
1 Schraubendreher

Scharniergelenk:

2 Latten, 30 x 5 x 1cm
1 Stück Klavierband/ein Scharnier von 5 cm Länge
6 passende Holzschrauben
1 Schraubendreher
1 Bleistift

Station 3: Die Muskeln

2 Latten, 30 x 5 x 1 cm
1 Stück Klavierband/ein Scharnier von 5 cm Länge
6 passende Holzschrauben
4 Schraubhaken
2 Gummibänder, 30 cm lang, 2 cm breit

Station 4: Das Herz

1 Trichter mit seitlichem Loch
2 Marmeladengläser, eines davon mit Deckel
1 großer Luftballon ohne Mundstück
1 Murmel
1 Trinkhalm mit Knick
Knetmasse zum Abdichten
Wasser
ein Tuch

Station 5: Die Atmung

1 Trinkhalm
1 kleiner Gummiring
1 kleiner Luftballon
1 großer Luftballon ohne Mundstück
das Unterteil einer halbierten 1-Liter-Plastikflasche
etwas Knetmasse

Vorarbeiten der Lehrkraft

Bälle so aufschneiden, dass der Tischtennisball in den Gummiball passt.
Beim Armmodell Punkte für Schraubhaken und die Stirnseiten für das Scharniergelenk farbig markieren.
Trichter in der unteren Hälfte mit Loch versehen.
Marmeladenglasdeckel mit Loch für Trichter versehen.
1-Liter-Plastikflasche halbieren und Loch für den Trinkhalm in den Boden brennen oder stechen.
Zu den Themen Wirbelsäule, Skelett, Muskeln, Atmung und Herz eine Bücherkiste für die Schülerinnen und Schüler zusammenstellen.

Gruppenarbeit: Wirbelsäule

Ihr braucht:

ein Holzbrett als Grundplatte
2 Holzschrauben, um den Draht zu befestigen
einen Schraubendreher
2 Stücke Draht

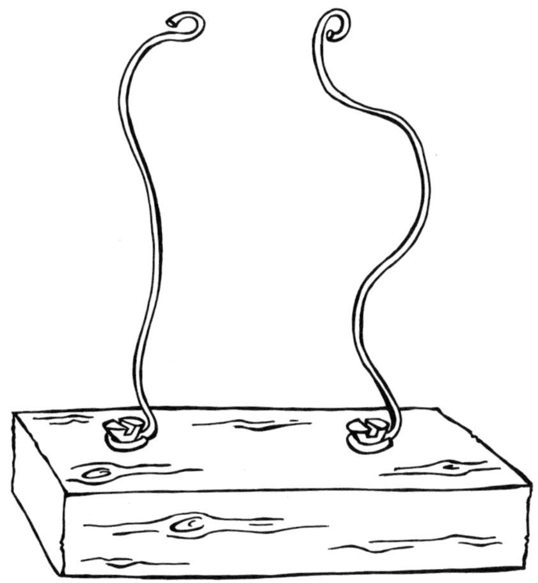

Aufgabe:

1. Baut aus dem Material ein Modell, mit dem ihr später etwas über die Wirbelsäule lernen könnt.
2. Der Draht soll mit den Schrauben auf der Grundplatte befestigt werden.
   Das Bild hilft euch dabei.

Gruppenarbeit: Kugelgelenk

Ihr braucht:

2 Vierkanthölzer
einen kleinen aufgeschnittenen Gummiball
einen kleinen aufgeschnittenen
Tischtennisball
etwas Watte
2 Holzschrauben
einen Schraubendreher

Aufgabe:

Baut das Modell eines Kugelgelenks.

1. Steckt die eine Schraube durch den kleinen Gummiball und schraubt sie auf der Kopfseite des Vierkantholzes fest.
2. Steckt die andere Schraube durch den Tischtennisball und schraubt sie an einem Ende des Vierkantholzes fest.
3. Steckt etwas Watte in den Gummiball.
4. Fügt die beiden Teile zusammen und bewegt sie vorsichtig.

Gruppenarbeit: Scharniergelenke

Ihr braucht:

2 Latten
Scharnier/Klavierband
6 Holzschrauben
einen Schraubendreher
einen Bleistift

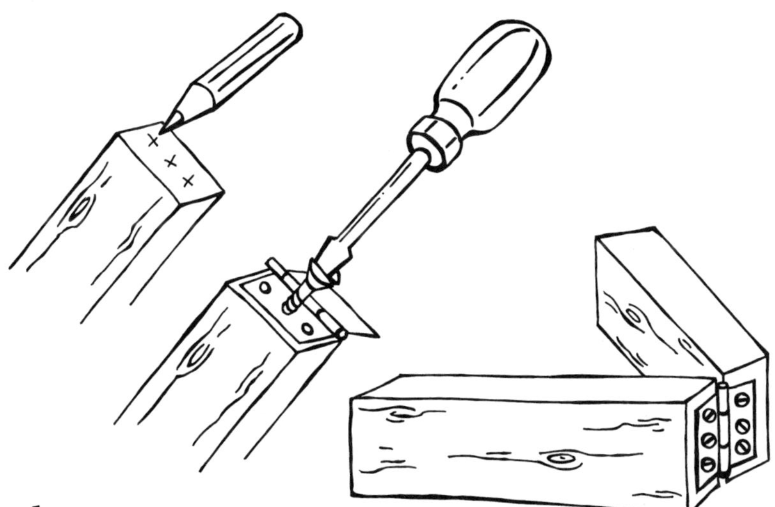

Aufgabe:

Baut das Modell eines Scharniergelenkes.
Schraubt das Klavierband
an die Kopfseiten der beiden Leisten.

Tipp:

Markiert mit Bleistift,
wo die Schrauben eingedreht werden müssen.

Gruppenarbeit: Modell eines Armes

Ihr braucht:

2 Holzlatten
Scharnier/Klavierband
6 Holzschrauben
Schraubendreher
4 Schraubhaken
2 Gummibänder

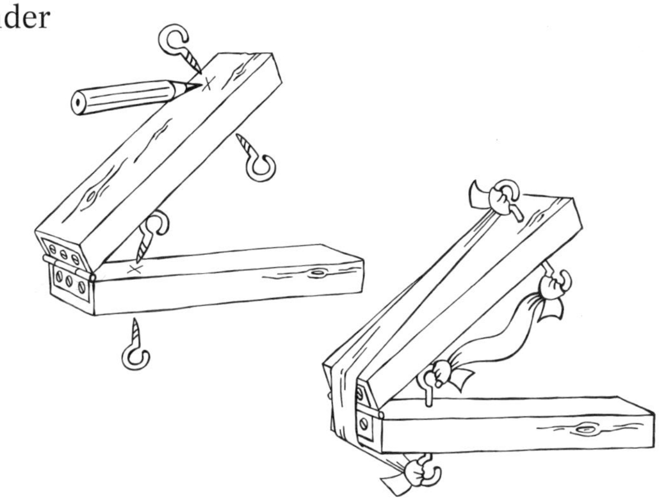

Aufgabe:

Baut das Modell eines Armes mit Muskeln.

1. Schraubt die Schraubhaken in die markierten Punkte ein.
2. Schraubt das Klavierband an den farbigen Kopfseiten der Hölzer fest.

Tipp:

Schraublöcher vorher mit Bleistift markieren.

3. Knotet die Gummibänder an den Schraubhaken fest.
4. Bewegt das Modell vorsichtig.

Gruppenarbeit: Herzkammer–Modell

Ihr braucht:

einen Trichter mit seitlichem Loch
2 Marmeladengläser, eines mit Deckel
einen großen Luftballon ohne Mundstück
eine Murmel
einen Trinkhalm mit Knick
Wasser
Knetmasse zum Abdichten
ein Tuch

Aufgabe:

Schaut euch die Zeichnung genau an.
Baut das Herzkammer-Modell nach.

Drückt vorsichtig auf den Luftballon und überprüft, ob es funktioniert.

Gruppenarbeit: Atmung

Ihr braucht:

einen Trinkhalm
einen kleinen Gummiring
einen kleinen Luftballon
einen großen Luftballon ohne Mundstück
das Unterteil einer halbierten Ein-Liter Plastikflasche
etwas Knetmasse

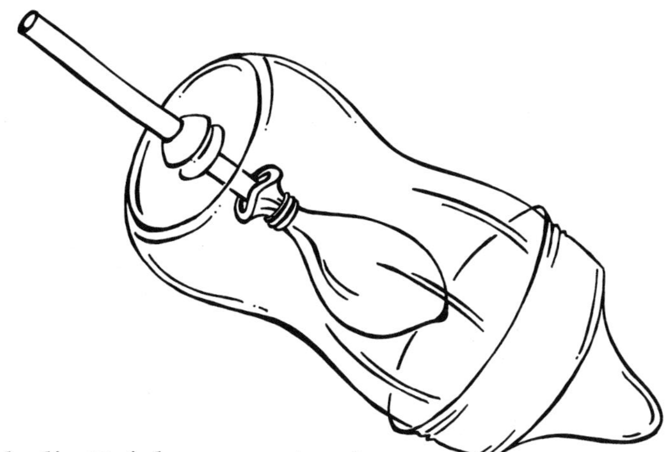

Aufgabe:

1. Schaut euch die Zeichnung gut an!
   Baut das Modell nach.

Tipp:

Macht zuerst den kleinen Luftballon
mit dem Gummiring
an dem Trinkhalm fest.

2. Probiert das Modell vorsichtig aus.

Ablauf des Stationenlernens

1. Einstiegsphase

In einem Gespräch kann auf das Bauen der Modelle Bezug genommen werden. Weiterhin ist es wichtig, die geplante Vorgehensweise zu erläutern (Funktionieren der Modelle, Erkunden des eigenen Körpers und Informationstexte in Bezug setzen).
Arbeits-/Sozialform: Unterrichtsgespräch/Sitzkreis
Materialien/Medien: keine
Zeitbedarf: etwa 15 Minuten

2. Arbeiten an den Stationen

Station	Materialien und Medien	Aktivität der Kinder	Ziel(e)	Hinweis
Station 1: Die Wirbelsäule	• Modelle • 3 kleine Plastikbeutel mit 8 Murmeln • Infotext	Kinder überprüfen durch Anhängen von Tüten mit Murmeln die Stabilität, lesen den Infotext und übertragen die Erkenntnisse auf den eigenen Körper.	Kinder sollen den Zusammenhang zwischen doppelter S-Form und Stabilität ihrer Wirbelsäule erkennen.	Gruppenarbeit
Station2: Die Gelenke	• Modell eines Kugelgelenks • Modell eines Scharniergelenks • Infotext	Kinder erproben die Bewegungsmöglichkeiten an den Modellen und an sich selbst. Sie lesen den Infotext und übertragen die Erkenntnisse auf den eigenen Körper.	Kinder sollen erfassen, dass es verschiedene Arten von Gelenken gibt und welche Möglichkeit der Bewegung diese bieten.	Gruppenarbeit
Station 3: Die Muskeln	• eine Personenwaage • Modell eines Armes • Infotext	Kinder drücken mit dem Arm die Waage unter die Tischkante und betasten den Bizeps. Kinder drücken von oben auf die Waage und betasten den Trizeps. Kinder lesen den Infotext und setzen diesen in Bezug zu dem Modell und dem eigenen Körper.	Die Muskeln werden lokalisiert. Kinder sollen Hebe- und Druckkraft der Oberarmmuskeln sowie das Wechselprinzip von Bizeps und Trizeps erfahren.	Gruppenarbeit Ein Kind muss sich auf den Tisch setzen, um diesen zu beschweren.
Station 4: Das Herz	• Funktionsmodell einer Herzkammer • Infotext	Kinder experimentieren mit dem Modell (Pumpvorgang). Kinder fühlen ihr eigenes Herz, lesen den Info-Text, vergleichen und formulieren ihre Erkenntnis.	Kinder sollen die Funktion des Herzmuskels und der Herzklappen für den Blutkreislauf erkennen.	Gruppenarbeit Paralleles Bestätigen des Modells und Erfühlen des eigenen Herzschlages. Anspruchsvolle Schreibaufgabe!
Station 5: Die Atmung	• Funktionsmodell der Zwerchfellatmung • Infotext	Kinder erproben die Funktion, lesen den Infotext und setzen dies in Bezug zu ihrer eigenen entsprechenden Körperfunktion.	Kinder sollen die Funktion der Zwerchfellatmung erkennen.	Gruppenarbeit Es darf nicht in den Trinkhalm hineingepustet werden (nicht vorher darauf hinweisen, aber darauf achten!)

3. Reflexionsphase

Ziel der Reflexion ist es, das an den Stationen erworbene Einzelwissen in einen Gesamtzusammenhang zu bringen. Der Körperumriss dient dazu, die mit Wortkarten bezeichneten Gelenke an den entsprechenden Körperstellen zu platzieren. Begonnen wird mit Herz oder Lunge. Hier ergibt sich die Möglichkeit, die Luftröhre und die Bronchien mit der Lunge zu verbinden und die Herztätigkeit mit dem Lungenkreislauf zu erläutern. Auf diese Weise wird die Gesamtfunktion deutlich.

Arbeits-/Sozialform:	Kreis
Materialien und Medien:	Umrisszeichnung eines Kinderkörpers Zeichnungen von Lunge und Herz Wortkarten
Zeitbedarf:	etwa 25 Minuten

Wirbelsäule

Station 1

Ihr braucht:

das Modell
3 kleine Plastikbeutel
gefüllt mit 2, 4 und 8 Murmeln

Aufgabe:

1. Biegt den Draht auf unterschiedliche Weise.
2. Hängt zuerst den Beutel mit den 2 Murmeln an beide Drähte, dann den mit den 4 Murmeln, danach den mit 8 Murmeln.
3. Findet eine stabile Form heraus!
4. Vergleicht sie mit der Form der Wirbelsäule in den Büchern.

Lest in den Büchern zum Thema Wirbelsäule nach.
Schreibt eure Beobachtungen auf.

Die Gelenke

Station 2

Ihr braucht:

das Modell eines Kugelgelenks
das Modell eines Scharniergelenks

Aufgabe 1:

Seht euch die beiden Gelenke genau an. Probiert sie aus!
Was stellt ihr fest?

Schreibt auf, was ihr beobachtet habt.

____

____

____

____

Aufgabe 2:

Untersucht euren Körper
(zum Beispiel die Arme, die Beine, die Hände und so weiter)
und findet heraus, wo Kugelgelenke sind und wo Scharniergelenke sind.

Findet ihr auch noch andere Gelenke?
Schreibt eure Ergebnisse auf!
Tipp: Die Zeichnung des Skeletts hilft euch dabei.

____

____

____

____

____

____

Die Muskeln

Station 3

Ihr braucht:

eine Personenwaage
das Modell eines Arms

Aufgabe 1:

Drückt die Waage unter die Tischkante.
Haltet die Waage so, dass man die Skala erkennen kann.

Tipp:

Wenn ein Kind dabei auf dem Tisch sitzt, geht es leichter.

Aufgabe 2:

Stellt die Waage auf den Tisch.
Drückt mit den Armen von oben auf die Waage.
Befühlt und beobachtet beide Male die Oberarme.
Schreibt auf, was ihr beobachtet habt.

____

____

____

____

____

Aufgabe 3:

Seht euch das Modell an und probiert es aus. Was stellt ihr fest?
Vergleicht das Modell mit einer Zeichnung aus den Büchern.
Versucht zu erklären, wie die Armmuskeln
(Beuger und Strecker) funktionieren.

Herz

Station 4

Ihr braucht:

das Herzkammer-Modell

Aufgabe:

1. Stellt das Modell auf!
2. Drückt vorsichtig auf den Luftballon.
   Schaut genau auf den Trichter.
   Was passiert?

Betrachtet das Modell und lest dazu in den Büchern über das Herz.
Vergleicht den Versuch mit einer Zeichnung des Herzens.
Erklärt, wie das Herz funktioniert!

Atmung

Station 5

Ihr braucht:

das Modell

Aufgabe:

1. Probiert das Modell aus!
2. Findet heraus, was passiert, wenn man atmet.
   Fühlt mit der Hand unter euren Rippen, was sich bewegt.

Tipp:

Ihr müsst den unteren Luftballon vorsichtig nach unten ziehen.
Haltet den Trinkhalm ans Ohr und hört genau hin.

Lest in den Büchern.
Schreibt auf, was ihr herausgefunden habt.
Erklärt auch, was beim Atmen passiert.

Praxisorientiert und topaktuell: Materialien von Auer!

Zauberhafte Ideen von Auer!

Bartl, Almuth
Viele klitzekleine Spielideen zur Auflockerung des Schulalltags
128 S., kart.
Best.-Nr. **2970**

Bartl, Almuth
Viele klitzekleine Spielideen für den Unterricht
Deutsch, Mathematik, Sachfächer Sport, Kunst, Musik
144 S., kart.
Best.-Nr. **3249**

Praxisnah, anschaulich, kreativ und erfrischend! Spielideen für die Grundschule: sowohl für den Unterricht als auch zur Entspannung und Auflockerung, ohne Vorarbeit und Materialaufwand jederzeit umsetzbar. Die Spiele bauen u. a. Aggressionen ab, entspannen, fördern Kreativität und Fantasie und unterstützen die Klassenzusammengehörigkeit. Auch Spiele für die Pause und für Vertretungsstunden sind hier zu finden.

◀ Zahlreiche Unterrichtsvorschläge, Arbeitsblätter, Spiele und weiterführende Hinweise zum Thema Hexen für den fächerübergreifenden Unterricht in Mathematik, Deutsch, Sachunterricht, Musik und Kunst/Werken. Ein Hexenfest mit der Hexe Rexe: mit Hexentanz, Hexenutensilien basteln etc.

Theis-Scholz, Margit/Thümmel, Ingeborg
Verhext noch mal
Unterrichtsvorschläge zum Thema „Hexen" im fächerübergreifenden Anfangsunterricht der Grundschule
64 S., DIN A4, kart.
Best.-Nr. **2734**

Dörken, Klaus
Hokuspokus Simsalabim
Anleitungen für Schulkinder zum Erlernen von mehr als 50 faszinierenden Zaubertricks
Mit 42 Kopiervorlagen
48 S., DIN A4, kart.
Best.-Nr. **3078**

Arbeitsblattsammlung von vielseitig im Unterricht einsetzbaren Zaubertricks, die sowohl die sprachlichen Fähigkeiten als auch das problemlösende Denken fördern. Durch die Präsentation eines Zaubertricks gewinnen die Kinder an Selbstvertrauen.

Brem, Christiane
Sinneserlebnisse
Mit Kindern die sinnliche Wahrnehmung entdecken
128 S., kart. Best.-Nr. **3071**

Vorschläge zur Vertiefung der sinnlichen Wahrnehmung. Spielanleitungen, Bastelvorschläge, Übungen und Texte zur elementaren Wahrnehmung durch Hören, Tasten, Schmecken, Riechen und Sehen.

Auer **BESTELL-COUPON** Auer

Ja, bitte senden Sie mir/uns

____ Expl. Bartl, Almuth:
Viele klitzekleine Spielideen zur Auflockerung des Schulalltags Best.-Nr. **2970**

____ Expl. Bartl, Almuth:
Viele klitzekleine Spielideen für den Unterricht Best.-Nr. **3249**

____ Expl. Theis-Scholz, Margit/Thümmel, Ingeborg:
Verhext noch mal Best.-Nr. **2734**

____ Expl. Dörken, Klaus
Hokuspokus Simsalabim Best.-Nr. **3078**

____ Expl. Brem, Christiane
Sinneserlebnisse Best.-Nr. **3071**

gegen Rechnung zu.

Rund um die Uhr bequem bestellen unter:
Telefon: 01 80/5 34 36 17
Fax: 09 06/7 31 78

Bitte kopieren und einsenden an:

Auer Versandbuchhandlung
Postfach 11 52
86601 Donauwörth

Meine Anschrift lautet:

Name/Vorname

Straße

PLZ/Ort

Datum/Unterschrift

Fächer verbinden: leicht gemacht mit Materialien von Auer!

Mit zahlreichen Arbeitsblättern

Langer, Karl-Heinz/Niewel, Joachim
Die Sachen klären – die Fächer verbinden
Unterrichtsvorschläge für die Grundschule
1./2. Jahrgangsstufe
84 S., DIN A4, kart. Best.-Nr. **2756**
Vier ausgewählte Themenbereiche des Sachunterrichts, die besonders mit dem Lernbereich Sprache und Mathematik vernetzt werden.

Kohlwey, Elke/Moers, Edelgard/ Ströhmann, Simone
Mit Kindern die Natur spüren
Modelle für einen fächerübergreifenden Unterricht in der Grundschule
112 S., DIN A4, kart. Best.-Nr. **2949**
Modelle für fächerübergreifendes Arbeiten, in denen individuelle Wahrnehmungen der Kinder Platz haben und der Unterricht im Einklang mit der Natur steht.

Thümmel, Ingeborg/ Theis-Scholz, Margit
So leben wir in Europa
Eine spielerisch-entdeckende Zusammenschau
108 S., DIN A4, kart. Best.-Nr. **2759**
Wie heißt die Hauptstadt von Spanien? Was essen die Leute in Russland? Wo lebt die Autorin von Pippi Langstrumpf? Das Buch lädt die Kinder zu einer spannenden Entdeckungsreise durch die Länder Europas ein. Abwechslungsreiche Arbeitsblätter und Kopiervorlagen, bezogen auf die Fächer Mathematik, Deutsch, Sachkunde, Musik und Religion bieten interessantes Material zu den folgenden Themen: der Kontinent Europa, Brauchtum und Esskultur in Europa, Schnupperkurse in europäischen Sprachen, europäische Kinderliteratur.

Knoll, Carla
Mir ist nie langweilig
Freiarbeit im fächerübergreifenden Unterricht
3./4. Jahrgangsstufe
88 S., DIN A4, kart. Best.-Nr. **2437**
Die Materialien dieses Bandes sind um Sachunterrichtsthemen der 3./4. Jahrgangsstufe gruppiert, Stundenskizzen, Spielanleitungen und praktische Hinweise vermitteln neue Ideen für den eigenen Unterricht.

Petersen, Susanne
Wie alles ineinander greift
Beispiele fächerübergreifenden Unterrichts für die Grundschule
104 S., DIN A4, kart. Best.-Nr. **2637**

Praxisorientiert und topaktuell: Materialien von Auer!

Auer **BESTELL-COUPON** Auer

Ja, bitte senden Sie mir/uns

____ Expl. Langer, Karl-Heinz/Niewel, Joachim
Die Sachen klären – die Fächer verbinden Best.-Nr. **2756**

____ Expl. Knoll, Carla
Mir ist nie langweilig Best.-Nr. **2437**

____ Expl. Thümmel, Ingeborg/Theis-Scholz, Margit
So leben wir in Europa Best.-Nr. **2759**

____ Expl. Kohlwey, Elke/Moers, Edelgard/ Ströhmann, Simone
Mit Kindern die Natur spüren Best.-Nr. **2949**

____ Expl. Petersen, Susanne
Wie alles ineinander greift Best.-Nr. **2637**

gegen Rechnung zu.

Rund um die Uhr bequem bestellen unter:
Telefon: 01 80/5 34 36 17
Fax: 09 06/7 31 78

Bitte kopieren und einsenden an:

Auer Versandbuchhandlung
Postfach 11 52
86601 Donauwörth

Meine Anschrift lautet:

Name/Vorname

Straße

PLZ/Ort

Datum/Unterschrift